O guia de Charlie Joe Jackson para quem gosta de ler

LIBRARY

Tommy Greenwald

O guia de Charlie Joe Jackson para quem NÃO gosta de ler

novo século®

São Paulo, 2014

Charlie Joe Jackson's guide to not reading

Coordenação Editorial: Mateus Duque Erthal
Tradução: Deborah Guerra
Preparação: Cléderson Matheus Rien Perez
Diagramação: Luciana Inhan
Revisão: Julieta Lamarão / Equipe Novo Século
Montagem de Capa: Luciana Inhan

TEXTO DE ACORDO COM AS NORMAS DO NOVO ACORDO ORTOGRÁFICO DA LÍNGUA PORTUGUESA (DECRETO LEGISLATIVO Nº 54, DE 1995)

Dados Internacionais de Catalogação na Publicação (CIP)
(Câmara Brasileira do Livro, SP, Brasil)

Greenwald, Tom
O guia de Charlie Joe Jackson para quem não gosta de ler / Tom Greenwald ; [tradução Deborah Guerra]. -- Barueri, SP : Novo Século Editora, 2014.

Título original: Charlie Joe Jackson's guide to not reading.

1. Ficção - Literatura infantojuvenil
I. Título.

13-13327 CDD-028.5

Índices para catálogo sistemático:
1. Ficção : Literatura infantojuvenil 028.5
2. Ficção : Literatura juvenil 028.5

2014
IMPRESSO NO BRASIL
PRINTED IN BRAZIL
DIREITOS CEDIDOS PARA ESTA EDIÇÃO À NOVO SÉCULO EDITORA LTDA
CEA – Centro Empresarial Araguaia II
Alameda Araguaia 2190 – 11º Andar
Bloco A – Conjunto 1111
CEP 06455-000 – Alphaville Industrial, Barueri – SP
Tel. (11) 2321-5080
www.novoseculo.com.br
atendimento@novoseculo.com.br

Para Cathy,

que leu de bom grado vários rascunhos deste livro e me ajudou a torná-lo melhor.

E para Charlie, Joe e Jack,

que não leram.

Parte um

COMO NÃO LER

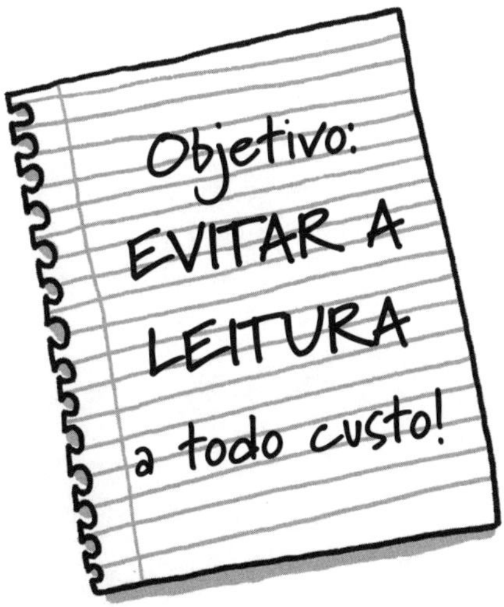

1

Meu nome é Charlie Joe Jackson e eu odeio ler. E se você está lendo este livro, você também odeia.

Na verdade, você faz tudo o que puder para evitar a leitura, e o fato de que você está segurando um livro em suas mãos neste exato momento é meio chocante.

Eu sei exatamente como você se sente; eu sou como você.

Apenas lembre-se: você não está sozinho. Nós vamos superar isso juntos.

2

Este livro é um guia para pessoas como nós.

Ele servirá a dois propósitos.

Um: ele vai mostrar às pessoas como se livrar da leitura.

E dois: naquelas ocasiões infelizes em que você não é capaz de se livrar da leitura e é forçado a ler, ele vai ser um livro bom e fácil de ler.

É muito provável que você esteja lendo este livro contra a sua vontade e eu compreendo o que você está sentindo. Portanto, eu também faço a você um promessa solene:

Os capítulos serão curtos. As páginas serão menores. E, sempre que possível, eu vou usar palavras curtas.

Uma sílaba. Ou menos.

***

Eu também vou incluir algumas dicas específicas sobre como ler – ou sobre como NÃO ler – ao longo do livro.

Algumas têm a ver com se livrar da leitura por completo, que é a estratégia que eu recomendo, e algumas têm a ver com aproveitá-la da melhor forma possível, se você realmente for obrigado a ler. Pode ser mais difícil do que parece evitar a leitura de um livro em algum ponto da sua vida – mesmo no ensino básico, como se vê. Você vai entender mais no "desenrolar da história". (Um dos meus amigos que leem, Jake Katz, usou essa expressão uma vez ao descrever um trabalho que estava fazendo. Ele se tornou um pouco menos meu amigo naquele momento.)

Dica nº 1 do Charlie Joe

SE VOCÊ TEM QUE LER UM LIVRO, CERTIFIQUE-SE DE QUE ELE TEM CAPÍTULOS CURTOS.

Essa primeira dica é bastante autoexplicativa. Pense nisto: se sua mãe ou pai disserem para você ler três capítulos antes de dormir, você não iria preferir que os capítulos tivessem uma página em vez de dez páginas cada? Você não prefere ler três páginas em vez de trinta? Dessa forma, você vai ler 27 páginas a menos, mas ainda pode dizer: "Advinha? Eu li meus três capítulos".

Confie em mim, eles nunca vão saber a diferença.

3

Eu sempre odiei ler.

Eu não me importava que minha mãe lesse para mim quando eu era pequeno. Aquilo era bom porque eu podia ficar acordado até mais tarde e às vezes ela até dormia na minha cama. Tenho que admitir que eu realmente gostava disso naquela época.

Mas então, quando fiquei um pouco mais velho, ela começou a dizer: "OK, agora você lê o resto do capítulo", o que eu realmente não ia fazer.

Então eu chorava e ela lia um pouco mais.

(Falando nisso, foi assim que eu aprendi a chorar de propósito. É uma habilidade útil. Tenho notado que as meninas realmente gostam que um cara fique com lágrimas nos olhos às vezes – como quando o herói de um filme faz um grande sacrifício por seu verdadeiro amor, porque isso significa que ele é sensível ou algo assim, e meninas gostam disso. Pessoalmente, eu prefiro filmes de ação, com muitas explosões, ou uma comédia em que algum cara gordinho se apaixona por uma salva-vidas linda que só fala francês. Esses são mais a minha praia.)

Enfim, toda essa coisa de chorar-na-frente-da-mãe-para-não-ter-que-ler funcionou muito bem até eu ter mais ou menos dez anos de idade.

4

Então aqui estou eu, no ensino fundamental, e tenho orgulho de dizer que eu *ainda* odeio ler.

E essa foi a causa de toda a confusão.

Tudo começou quando eu tive que ler O *acordo de Billy* para minha aula de inglês. O livro conta a história de Billy, um garoto que faz um acordo com o Diabo para conseguir arremessar a bola de beisebol perfeita durante o campeonato. Mas o Diabo é, na verdade, apenas um cara contratado pelo pai de Billy para fingir ser o Diabo, porque ele acha que se Billy acreditar que fez um acordo com o Diabo para arremessar a bola perfeita, então Billy vai estar confiante o suficiente para realmente arremessar uma bola que ninguém será capaz de rebater.

Não é tão complicado quanto eu fiz parecer. Aparentemente, é um livro muito bom, de acordo com a minha professora, a Sra. Ferrell. E eu acho que ele deve ter uma daquelas mensagens de apenas-acredite-em-si-mesmo-e--os-outros-vão-acreditar-em-você que os adultos querem que as crianças ouçam várias vezes.

De qualquer forma, como eu disse, foi aí que eu fiquei em apuros.

***

Eu fiz o que eu geralmente faço. Eu li a contracapa, a orelha da capa, e o primeiro e o último capítulo. Então me sentei ao lado do meu amigo Timmy McGibney na hora do lanche.

Por um tempo, Timmy e eu tivemos o que podemos chamar de um "acordo". Eu comprava um sorvete para ele e ele me contava tudo sobre o que tinha no resto do livro. O acordo era vantajoso para "ambas as partes", que é uma dessas expressões estranhas que meus pais usam o tempo todo.

Naturalmente, eu achava que iríamos fazer o mesmo acordo que sempre fazíamos.

— Então, Timmy — disse, entregando a ele seu sorvete —, *O acordo de Billy* é um livro muito bom.

— Como você sabe? — ele perguntou. Ele sempre me perguntava isso. Era uma espécie de hábito que nós tínhamos.

— Bem, o início e o fim foram bons.

— Acho que sim — Timmy disse. Ele estava brincando com seu taco de lacrosse.* Lacrosse era a única coisa que ele amava mais do que sorvete.

* Lacrosse é um esporte de equipe muito comum nos Estados Unidos e no Canadá. O objetivo é pontuar levando uma bola de borracha pequena e sólida até o gol adversário utilizando apenas um taco com uma espécie de rede na ponta, usada para capturar e segurar a bolinha. (N.T.).

— Os testes para o time estão chegando, hein? — eu disse, apontando para seu taco.

— Sim — disse ele. Eu esperei que ele falasse mais alguma coisa, mas ele não disse nada. Isso foi estranho. Normalmente, ele falaria sobre lacrosse por horas.

Timmy devorou seu sorvete e olhou para o meu.

— Na verdade, eu estou com muita fome hoje — afirmou. — Com muita, muita fome.

De repente, me senti muito desconfortável.

— O que você quer dizer com "com muita, muita fome"?

— Eu estou dizendo que estou com tanta fome que poderia comer dois sorvetes — Timmy disse —, talvez três.

Eu olhei para ele, incrédulo. Nós tínhamos o mesmo acordo há quase um ano. Eu já tinha dado a ele sorvete grátis suficiente para que ele abrisse sua própria loja de laticínios. Agora, de repente, ele estava fazendo isso!

Eu olhei ao redor. Conferi meu bolso procurando por dinheiro. Considerei minhas opções. Então, fiz a única coisa que eu podia fazer.

Eu comprei outro sorvete para ele.

***

Depois do lanche, fui à biblioteca e procurei a palavra "*chantagem*" no dicionário, apenas para ter certeza de que eu entendia exatamente o que estava acontecendo.

A bibliotecária, Sra. Reedy, era uma velha amiga minha, mesmo que representasse tudo de ruim. Quando eu estava na educação infantil, ela tinha sido a bibliotecária da minha escola e havia tentado de tudo para me fazer ler. Uma vez, na primeira série, ela me fez sentar e ouvir uma música chamada "Pegue um Livro e Siga em Frente", sobre as alegrias da leitura. Um dos versos dizia: "Se aconchegue na cama, o dia termina. Sozinho, mas você nunca está sozinho, um livro pode ser um amigo".

Eu nunca a perdoei.

Então é desnecessário dizer que ela me olhou duas vezes quando eu entrei na biblioteca.

— Charlie Joe — ela disse —, você pegou algum caminho errado?

Eu ri. (É sempre bom rir da piada de um adulto, independentemente de ela ser engraçada ou não.)

— Eu só preciso pesquisar uma coisa — respondi, tentando manter a conversa o mais curta possível para que eu pudesse resolver meus problema e sair de lá.

A Sra. Reedy olhou para mim e piscou.

— Bem, não se preocupe, Charlie Joe, seu segredo está seguro comigo — ela disse.

5

Eu acabei de olhar para o capítulo anterior e percebi que ele estava longo demais. Eu simplesmente ignorei a *Dica nº 1* de Charlie Joe!

Desculpe por isso. Não vai acontecer de novo.

Dica nº 2 do Charlie Joe

NUNCA LEIA UM LIVRO DE UM AUTOR CUJO NOME VOCÊ NÃO CONSEGUE PRONUNCIAR.

Vamos admitir: é provável que você não estaria lendo este livro se ele fosse chamado "O guia de NÃO leitura Venedkyt Styokierwski".

E eu com certeza não o estaria escrevendo.

Meu ponto é: se você tem que ler, é realmente importante garantir que a capa não o assuste de maneira alguma. E isso começa com o nome do autor. Tem que ser fácil de ler.

Como Charlie Joe Jackson, por exemplo.

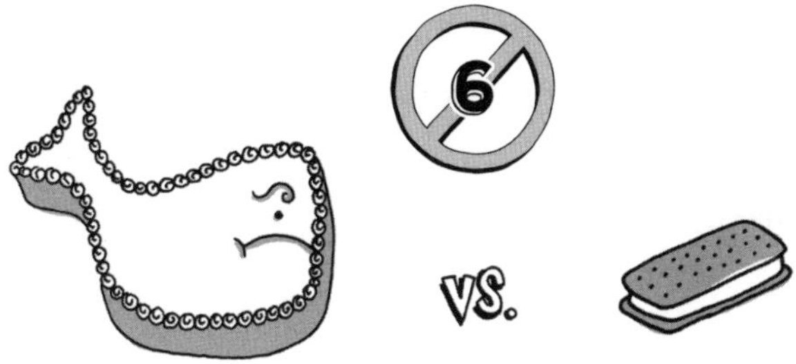

Quando cheguei em casa aquele dia, eu ainda estava aborrecido com o golpe de Timmy. Dois sorvetes! Qual é o próximo passo, um bolo de sorvete em formato de baleia?

Eu joguei minha mochila ridiculamente pesada no chão – deveria haver uma lei contra mochilas ridiculamente pesadas – e preparei uma tigela de cereal.

Então, considerei minhas opções:

1. fazer a lição de casa, o que envolvia ler; ou
2. brincar com os cachorros.

Não foi uma escolha difícil.

Em casa, nós temos dois cachorros: Moose e Coco. Os dois são vira-latas. Nós os resgatamos da carrocinha.

Eles vivem muito bem: comem, dormem, brincam e não leem absolutamente nada.

Eu tenho certeza de que você não vai se surpreender ao saber que de vez em quando eu sinto inveja deles dois.

Depois de jogar a bola de tênis para eles mais ou menos 4.386 vezes, eu consegui esquecer tudo sobre Timmy McGibney e seus sorvetes.

Temporariamente.

Dica nº 3 de Charlie Joe

SEMPRE HÁ MANEIRAS DE SE LIVRAR DA LEITURA.

Aqui está uma pequena lista:

1. *Durma.*
2. *Limpe seu quarto.*
3. *Finja que está limpando seu quarto.*
4. *Saia de casa. Pais adoram quando você sai de casa.*
5. *Pratique um instrumento. Mesmo se você não tocar um. Pais amam quando você ensaia uma música sem que eles tenham que importuná-lo sobre isso.*
6. *Coma. (Minha opção preferida.)*
7. *Dê seu livro para seu cachorro comer.*
8. *Limpe o vômito do cachorro.*
9. *Fuja de casa. (Apenas em casos extremos.)*
10. *Alegue insanidade.*

7

– Então você vai me contar o que acontece no meio do livro ou não vai?

Era o dia seguinte e eu estava seguindo Timmy e seu taco de lacrosse pelo refeitório da escola. Ele ainda não tinha me contado o que acontecia em *O acordo de Billy* e eu estava começando a entrar em pânico. Eu já tinha comprado para ele dois sorvetes, uma fatia de pizza e três leites achocolatados e, mesmo assim, nada.

De repente, percebi que isso não tinha nada a ver com comida de graça. Outra coisa estava incomodando Timmy e eu precisava descobrir o que era.

Meu futuro como não leitor dependia disso.

A primeira coisa a ser feita era encontrar Katie Friedman, que tinha sido minha melhor amiga desde o jardim de infância até a quarta série, que foi quando eu de repente percebi que não era permitido ter uma melhor amiga menina.

Mas mesmo que tecnicamente nós não fôssemos mais melhores amigos, eu ainda lhe contava tudo e em momentos de crise ela ainda era minha solucionadora de problemas. Eu descobri que em questões de sentimentos e pensamentos, as meninas parecem ter um domínio das coisas que os caras simplesmente não têm. Elas parecem se importar mais. Ou talvez elas apenas tenham menos medo de admitir.

E Katie Friedman se importa mais do que todos os outros. Ela percebe o que você conta a ela e provavelmente entende o que você está falando mais do que você mesmo.

Eu acho que você pode dizer que ela "lê as entrelinhas", que é uma expressão usada para elogiar, embora tenha o verbo "*ler*" nela.

Mas não quero sugerir que eu estou apaixonado por ela ou nada parecido. Eu não estou. Como eu disse, somos apenas melhores amigos – ou seríamos, se esse tipo de coisa fosse permitido.

De qualquer forma, eu a encontrei no seu lugar de costume, o canto esquerdo do fundo do refeitório, perto das máquinas de venda automática, mandando mensagens de texto para as meninas que estavam bem ao lado dela. (Não é permitido mandar mensagem de texto na escola, mas no intervalo todo mundo escapa e manda algumas.)

Eu a chamei silenciosamente. Ela guardou seu telefone e me seguiu até o fim do corredor.

— O que foi?

Katie era a única que sabia do acordo que Timmy e eu tínhamos. (Ela era uma grande leitora e constantemente me dizia que eu era um perdedor por odiar livros, mas, mesmo assim, reconhecia a minha criatividade.) Eu rapidamente a atualizei sobre o que estava acontecendo e sobre como, por algum motivo, nem todos os sorvetes do mundo fariam Timmy me contar o que estava escrito no meio do danado do livro.

Ela olhou para mim e então riu.

Eu fiquei chocado.

— O que foi? O QUE FOI?!?!

Ela balançou a cabeça.

— Você é tão sem noção. Por que meninos são tão sem noção? Por que eles nunca notam as coisas reais que estão acontecendo no mundo? Já é ruim o suficiente que você se recuse a ler, Charlie Joe. Mas vai te matar se você for ao cinema de vez em quando? Talvez você veja algo que realmente importa em vez de um cara gordinho que se apaixona por uma salva-vidas linda que só fala francês. — (Ela me conhecia muito bem.) — Você pode até aprender alguma coisa sobre psicologia se fizer isso. — (Katie tinha decidido recentemente que queria ser terapeuta quando crescesse, como seus pais.)

Eu queria tanto ter pensado em algo inteligente e psicologicamente impressionante para responder. Mas tudo o que eu pude pensar foi:

— Caras gordinhos que se apaixonam por salva-vidas lindas que só falam francês são engraçados.

Katie sorriu. Uma das coisas que eu amava nela era que sempre que ela gritava comigo, ela se sentia muito culpada logo em seguida. E dessa vez, ela se sentiu culpada o suficiente para me dar a informação que eu estava procurando.

— O problema não é Timmy. É Eliza.

Dica nº 4 do Charlie Joe

SE VOCÊ QUER QUE AS GAROTAS GOSTEM DE VOCÊ, NÃO LEIA.

As meninas acham bem legal se você for um cara que não lê muito e ainda assim tira boas notas.

Alguma coisa parecida com você ser inteligente mas sem fazer muito esforço.

Como ao contrário dos caras que trabalham realmente duro e tiram boas notas, ou daqueles que não estudam nada e tiram notas ruins. Meninas não gostam de nenhum desses dois tipos de garotos.

Então, se você quiser fazer sucesso com as meninas, é importante ler o menos possível e ainda assim se dar bem na escola.

Veja como:

1. Participe na aula. Faça um monte de perguntas. Pareça muito entusiamado.
2. Entregue sua lição de casa na hora certa.
3. Esteja certo de que foi atribuído a um amigo seu o mesmo livro. E certifique-se de que ele, na verdade, o esteja lendo.

4. Traga fotos de seus cães para a escola e mostre-as para os seus professores. Escolha fotos em que mostre os cães fazendo coisas maneiras - o tipo de coisas que se coloca no YouTube.
5. Não se meta em encrenca na hora do almoço.
6. Não se meta em encrenca na hora do recreio.
7. Se o livro que você deveria ler foi transformado em um filme, alugue o filme.
8. Se o livro que você deveria ler foi transformado em audiolivro, ouça o audiolivro.(Ele conta como leitura, mas não é!)
9. Obtenha ótimas notas em aulas que não envolvam leitura - como ginástica.
10. Faça parceria com alguém realmente bom em ciências.
11. Leia os primeiros e últimos capítulos de todos os livros.
12. (Crédito Extra) Sempre faça atividade extraclasse, contanto que não envolva leitura.

8

"Eliza" é Eliza Collins.

Ainda que, do ponto de vista técnico, ela seja uma daquelas meninas que realmente não precisam de um sobrenome. Como a Beyoncé.

Isso porque Eliza foi coroada "a menina mais bonita da série".

Ela recebeu o título mais ou menos na quarta série e o manteve desde então. Você conhece o tipo: parece uma modelo de revista, é popular e sempre parece existir uma espécie de redemoinho de energia, penteados de cabelo e risadinhas onde quer que ela esteja. Alguém pode estar apenas passando por perto, mas certamente será atraído por ela como se Eliza fosse o centro de um tornado ou algo assim. (Até fiz uma música para ela alguns anos atrás, quando eu a vi pela primeira vez em ação: "O furacão Eliza está chegando, é o furacão mais quente da cidade, quando o furacão Eliza chegar, você vai ficar encantado de verdade". A melodia que eu inventei é bem fácil, mas você não pode ouvi-la porque isto é um livro – outro problema dos livros, a propósito.)

Segundo os boatos, ela recebeu uma proposta para trabalhar como modelo na Espanha ano que vem. (Não apenas "como modelo", perceba, mas "como modelo na Espanha". Como se só "como modelo" já não fosse o suficiente.) Ela anda pela escola como se fosse a dona do local, o que, de certa forma, não deixa de ser verdade. E ela tende a querer coisas que não pode ter – um leopardo de estimação, uma carteira de motorista... eu.

Isso mesmo, você ouviu corretamente.

EU!

Mas isso é que é estranho. Mesmo ela sendo extremamente gatinha (e ela realmente é; aqueles cabelos loiros e longos não são de brincadeira), e mesmo que ela pense que eu sou completamente adorável (eu não disse isso, ela disse)... ao contrário do resto da civilização ocidental, *eu não tenho uma queda por ela.*

Eu não sei por quê, mas eu simplesmente não tenho.

Sabe quando você pode ter algo tão facilmente, mas não necessariamente quer ter? Por exemplo, quando você só pode tomar uma taça de sorvete depois do jantar, você desesperadamente quer mais, mas se sua mãe diz que você pode tomar o pote inteiro, de repente você fica um pouco enjoado de sorvete.

Bem, foi assim com Eliza.

Ela era a pote inteiro. O tempo todo.

***

Então quando Katie disse "*Eliza*", eu fiquei confuso. Eu não tinha certeza do que isso tinha a ver com Timmy. Até onde eu sabia, ele ainda não tinha descoberto as meninas... ou melhor, elas ainda não tinham descoberto ele.

Olhei para Katie.

— Não entendo. Timmy não gosta de Eliza.

Katie ainda estava rindo de mim.

— Para um cara inteligente, Charlie Joe, você às vezes pode ser muito bobo.

Foi um elogio ou um insulto?

— Não é Eliza que preocupa Timmy. É o pai dela.

Eu pensei por um segundo.

— O Sr. Collins? — eu disse, de forma brilhante.

— Sim — Katie disse —, ele é o treinador do time masculino de lacrosse, certo?

Katie jogava lacrosse. Ela era muito boa, também. (Eu poderia colocar "para uma garota" aqui, mas não vou.)

Eu dei de ombros.

— Acho que sim. Por quê?

Ela se aproximou de mim, como se dissesse: "*Agora vem a parte boa*".

— Aparentemente, Timmy pensa que porque Eliza gosta de você, ela vai dizer ao pai dela para escolhê-lo para o time, e você pode conseguir a vaga em vez dele. Ele está muito assustado com isso.

Eu não podia acreditar. Era difícil entrar no time de lacrosse, mas Timmy vinha praticando por semanas.

Enquanto isso, eu mal tinha pegado em um taco antes. Eu só ia tentar entrar para o time para passar tempo com meus amigos.

— Isso é ridículo — eu disse.

— É verdade — Katie respondeu.

— Eu vou falar com Eliza sobre isso — sugeri.

— NÃO! — Katie respondeu imediatamente. — Isso seria a pior coisa a se fazer. Timmy não quer que ninguém saiba como ele é inseguro. Mantenha sua boca fechada sobre esse assunto.

Eu ainda não estava convencido.

— Onde você ouviu isso? – perguntei.

— Não se preocupe. Deixa para lá.

À essa altura, as amigas de Katie a estavam chamando e ela começou a andar em direção a elas, já escrevendo mensagens de texto. Então ela se virou para mim com um olhar malicioso em seus olhos.

— Ei, eu tenho uma ideia maluca que poderia resolver todo o seu problema!

— Qual? — eu perguntei, esperançoso.

Katie bateu no meu ombro.

— Leia o livro.

***

Eu pensei sobre o que Katie disse e considerei minhas opções.

Eu poderia simplesmente deixar a coisa toda para lá, ler O *acordo de Billy* e acabar com tudo isso. Ou eu poderia ignorar o conselho de Katie, falar com Eliza, tentar fazê-la falar com o pai dela, me certificar de que Timmy entrasse para o time e não ter que ler O *acordo de Billy.*

Não era uma decisão difícil.

Dica nº 5 de Charlie Joe

SE ALGUÉM - POR EXEMPLO, DIGAMOS, SEUS PAIS - ALGUMA VEZ BRIGAR COM VOCÊ POR NÃO LER, APENAS INDIQUE PARA ELES TODAS AS MUITAS COISAS QUE VOCÊ LÊ.

1. *Websites.*
2. *Mensagens de bate-papo.*
3. *Mensagens de texto no celular.*
4. *Instruções de videogame.*
5. *Resultados de esportes.*
6. *Cardápios.*
7. *O guia da programação na televisão.*
8. *A parte de trás da caixa de cereal.*
9. *Camisas.*
10. *Cupons de supermercado.*
11. *Placas de trânsito.*

9

Então, você sabe como eu chamei Eliza Collins de gatinha? Bem, meus pais odeiam quando eu uso a palavra *atraente* para descrever meninas. Eles acham que é ofensivo, "degradante" como minha mãe diz, "superficial" como meu pai diz, como se eu achasse que é a única coisa que importa. Eu entendo, eu entendo, o cérebro também é importante.

Mas deixe-me contar um pequeno segredo: meninas ADORAM quando você as chama de atraente.

Especialmente meninas realmente inteligentes. Meninas realmente inteligentes, geniais, adoram quando você as chama de atraente mais do que qualquer outro tipo de menina.

Mas, por respeito à minha mãe e a todas as outras meninas que não gostam do termo *atraente*, eu não vou mais usar a palavra daqui para frente.

Eliza Collins (não genial) foi chamada de atraente – quero dizer, linda – toda a sua vida, então ela realmente sabe disso e age como se soubesse. Se nossa escola fosse o universo e as meninas da nossa escola fossem o sistema solar, ela seria o Sol. E a Lua. Ela está sempre cercada por meninas, por meninos e até mesmo por alguns professores que, embora nunca admitam, gostam de ser estimados por alunos populares.

Se você quisesse falar com Eliza, teria que marcar um horário.

Comigo era um pouco diferente, eu acho, porque por alguma razão – como eu disse – ela gostava de mim. MAS... ela também me odiava, porque ela gostava de mim e eu não gostava dela. Sua incapacidade de me prender era sua única imperfeição, seu único defeito, como aquela cereja irritante que vem em cima do sundae de chocolate perfeito.

Então, é claro, ela me fez sofrer.

***

No dia seguinte, na hora do lanche, eu disse à Talia, uma das "assistentes" de Eliza, que eu precisava falar com ela. Talia olhou para mim como se eu tivesse duas cabeças.

— Eu tenho certeza de que Eliza não quer falar com você — disse, mal desviando os olhos de seu hambúrguer de peru com baixo teor de gordura e de sua porção grande de batata-frita com alto teor de gordura. (Meninas são complicadas.)

Isso era importante. Sem tempo para orgulho. Coloquei minha mão no ombro dela.

— Diga a ela que é importante.

Veja, percebi que Talia – e muitas outras meninas – adoram quando você as toca. Eu sei que isso soa grosseiro, mas

mas não foi a minha intenção. Eu quero dizer, mostre a elas um pouco de gentil afeição, mostre que você se preocupa com elas e que está "lá" para elas (o que quer que isso signifique) e, de repente, elas são suas melhores amigas.

Particularmente, percebi que meninas realmente adoram a mão suave no ombro.

É fraterno, mas másculo.

Isso faz delas superficiais, como se tudo o que elas estivessem procurando fosse afeto? Acho que não. Eu só acho que as faz parecer mais humanas.

É uma das coisas boas e humanas sobre as meninas.

***

Talia sentiu minha mão no seu ombro e olhou para mim. Eu podia literalmente sentir seus ombros relaxarem enquanto ela sorria. Então ela abriu um pequeno caderno rosa.

— Eu acho que ela tem um horário amanhã depois da aula de matemática — disse.

10

Enquanto isso, a data de entrega do trabalho se aproximava rapidamente e eu ainda estava sem o resumo de Timmy. Eu poderia ter lido o livro, claro, mas meu histórico perfeito de não leitor teria sido manchado. Não vou mentir; tenho orgulho do meu histórico como não leitor. Todo mundo sabia sobre ele e ficava muito impressionado.

E deixe eu dizer outra coisa – eu não desisto. Eu estava *comprometido* a não ler, e seria preciso mais do que um mal-entendido estúpido do time de lacrosse para fazer com que eu me desse por vencido.

Veja, não é que eu estivesse sendo preguiçoso.

É que eu não queria decepcionar meus fãs.

Dica nº 6 de Charlie Joe

LER NÃO VAI AJUDAR VOCÊ A TER SUCESSO NA VIDA.

Meus pais dizem que se eu não começar a ler, vou me sair mal em todos os testes de leitura e escrita que ajudam você a entrar em uma boa faculdade. E se eu não entrar em uma boa faculdade, provavelmente vou acabar fracassado na vida. Pelo menos duas vezes por semana eles me dizem: "Como é que você vai entrar em uma boa faculdade se você não lê? E se você não entrar em uma boa faculdade, você vai acabar ______________". (Qualquer coisa de "sem-teto" a "um criminoso" – varia de acordo com o humor deles.)

Minha primeira resposta é: "RELAXE". Eu só estou no ensino fundamental, pessoas.

Minha segunda resposta é: "E se eu for incrível em alguma coisa estranha na qual ninguém está interessado? Isso não vai me ajudar a entrar em uma boa faculdade?".

Eu considerei brevemente me inscrever para aulas de mímica, só por brincadeira. Mas, no fim das contas, ninguém no mundo é menos brincalhão do que um mímico – como eles levam isso a sério! E você pensando que eles teriam ideia de como isso é ridículo, mas não. Pena que era tão chato e vergonhoso, porque não parecia ser tão difícil. E meu palpite é que existem poucas pessoas que colocam "mestre em mímica" em suas inscrições para a faculdade.

Talvez eu devesse tentar fazer esgrima. Parece uma luta de espada, mas você não é morto. Esgrima tem roupas que são muito legais e é só manusear uma arma, pelo amor de Deus – o que poderia ser melhor do que isso? –, e é estranho o suficiente para ficar bonito naquelas superimportantes inscrições para a faculdade. Qual é o lado negativo?

Touché!

11

Durante a aula de matemática, a única coisa em que eu conseguia pensar era na minha reunião com Eliza, e em fazê-la garantir que Timmy entrasse para o time de lacrosse, de modo que ele voltasse a ser meu amigo. Então, assim que esse drama saísse do caminho, ele me daria o resumo do que estava no meio de *O acordo de Billy* e eu poderia escrever meu trabalho sem ler o livro, e a ordem do universo seria restaurada.

Eu sei que é difícil de acreditar, mas toda essa agitação fez com que fosse muito difícil para mim me concentrar no máximo denominador comum dos números binários.

(A propósito, não se preocupe em pesquisar "máximo denominador comum dos números binários". Eu acabei de inventar isso.)

***

Finalmente, a aula acabou. Eu saí para o corredor, onde Eliza estava sendo auxiliada por um harém de três Elizettes.

Ela me viu e enxotou suas amigas.

— Por quê, Charlie Joe Jackson? Mal posso acreditar...

— Ela começou a me dar um beijo na bochecha, respirando forte para ressaltar que estava muito surpresa.

Ela era mesmo meio dramática.

— Ei, Lize — eu disse. (Pronuncia-se "*Láiz*". Somente aqueles mais próximos dela podiam chamá-la assim.)

Ela jogou o cabelo para o lado. Sempre que fazia isso, todo o barulho do corredor basicamente parava. Era meio incrível, eu tinha que admitir – como quando você vê um Maserati vermelho na rua e todo mundo congela os olhos nele.

— Charlie, você está aqui para me convidar para o baile de fim de ano?

O baile de fim de ano era dali a uns quatro meses e para qualquer outra pessoa aquela teria sido uma pergunta ridícula. Mas não para Eliza Collins. Pelo que sei, várias pessoas já a tinham convidado.

— Não está um pouco cedo para pensar sobre o baile de fim de ano? — eu perguntei.

Eliza afastou uma única mecha dourada de cabelo que estava sobre seu olho esquerdo.

— Bem, eu só estava me certificando. Porque se você está prestes a me chamar para sair ou algo assim, você sabe que está indo pelo caminho errado.

Ela tinha esse costume de usar expressões para enfeitar suas frases que, por alguma razão, na verdade só a tornava mais atraente.

— Eu percebi isso, Lize. Na verdade, eu estou aqui em nome de outra pessoa.

Seus olhos se estreitaram. Não era um bom sinal. Eu continuei, sussurrando para que o corredor inteiro não pudesse me ouvir.

— Você conhece Timmy McGibney, certo? (*Dã.* Claro que ela conhecia Timmy McGibney.) — Enfim, acontece que eu sei que ele é, de fato, um jogador de lacrosse realmente muito bom, e talvez se você falasse com seu pai para garantir que ele entrasse no time, isso seria um favor enorme para mim, porque eu sei o que isso significa para Timmy. E eu prometo que nunca vou te pedir outro favor novamente enquanto eu viver.

***

Você já reparou que meninas muito bonitas acham que ser bonita é uma permissão para falar alto? Especialmente quando elas ficam irritadas?

Eliza estava irritada não só porque eu não a estava convidando para sair, eu estava pedindo a ela um favor que ela achava muito... bem, chato.

Eliza ouviu o meu apelo e então disse alto o suficiente para as pessoas da Tailândia ouvirem:

— CHARLIE JOE. É TÃO BONITINHO QUE VOCÊ SE IMPORTE TANTO COM SEU AMIGO TIMMY. MAS EU NÃO SEI NADA SOBRE O TIME

DE LACROSSE DO MEU PAI, E PARA FALAR A VERDADE, EU NÃO ME IMPORTO. ENTÃO, É, HUM... NÃO. — E ela jogou o cabelo de volta para o outro lado e saiu.

Todo mundo no corredor olhou enquanto ela me deixou lá de pé. Missão completamente não cumprida.

***

Então, para recapitular: a) Eliza disse não; b) Timmy provavelmente nunca leria outro livro para mim de novo; e c) o corredor inteiro praticamente pensava que eu achava que Timmy não era bom o suficiente para entrar para o time de lacrosse por conta própria.

Ops.

Dica nº 7 de Charlie Joe

LER PODE ARRUINAR AMIZADES.

Algo que eu notei sobre a leitura é que ela pode tornar-se um hábito. Um mau hábito, como fumar ou esquecer de colocar desodorante ou dizer "né" toda hora. (Ou "tipo" para começar uma frase. Eu odeio essa. Afinal, o que isso quer dizer?)

Tome como exemplo o meu amigo Jake Katz, que costumava se orgulhar por não ler, assim como eu.

Até que ele ganhou um livro sobre cobras, se apaixonou, e começou a ler livros sobre répteis o tempo todo.

Então ele começou a ler sobre todos os tipos de coisas - o tempo, batalhas da Guerra Civil, histórias de ficção científica, mistérios de assassinatos, e até um livro chamado *Dominando a arte de fatiar Sushi.*

Como se um dia ele fosse precisar saber isso.

Agora, Jake carrega livros com ele para todo lugar, não importa onde ele esteja indo. No minuto em que as coisas estão silenciosas ou quando ele tem algum tempo livre entre suas atividades, ele pega um livro e começa a ler ali mesmo, naquele momento.

Eu não vou mentir, isso colocou uma pedra na nossa amizade.

12

Mais tarde, no recreio, enquanto eu estava tentando me recuperar do meu fracasso com Eliza, fui encurralado por minha professora de inglês, Sra. Ferrell.

— Olá, Charlie Joe.

— Oi, Sra. Ferrell. — Eu bati meu pé, impacientemente. O recreio só durava 24 minutos e cada minuto valia como ouro.

— Charlie Joe, você já leu O *acordo de Billy*? Você sabe que o trabalho deve ser entregue na próxima semana. Eu estou ansiosa para ver o seu trabalho.

Era minha maldição ser um daqueles alunos que a Sra. Ferrell achava que eram promissores. Eu odeio que pensem que sou *promissor*. É apenas um sinônimo para *altas expectativas*, que são quase impossíveis de serem alcançadas.

O que há de tão bom em "ótimo"?

"Muito bom" já é bom o suficiente para mim.

Eu olhei ansiosamente para meus amigos, que estavam jogando uma forma rara de basquete que envolvia bater forte a bola na região da virilha uns dos outros. Eu vi Phil Manning acertar Ricky Snyder e eu não pude deixar de rir.

— Charlie Joe, eu fiz uma pergunta. — A Sra. Ferrell se aproximou o suficiente para que eu percebesse que ela tinha comido pedaços de peixe no lanche. (Pelo menos nós tínhamos *isso* em comum.)

— Eu estou mais ou menos no meio. — No meio do primeiro capítulo, na verdade.

Ela deu aquele suspiro clássico de professor.

— Tudo bem. Eu estou ansiosa para ler suas observações. E sem desculpas. Se seu trabalho atrasar, são menos dez pontos. Regras são regras.

Talvez eu tenha esquecido de mencionar que, além de ser alérgico à leitura, eu às vezes também tinha um problema com pontualidade quando o assunto era trabalhos.

A Sra. Ferrell ajeitou os óculos, o que era um sinal de que ela estava chegando ao cerne da questão.

— Charlie Joe, alguém com sua capacidade tem a responsabilidade de produzir um trabalho digno de seus talentos, não importa quão escondido eles estejam. Eu já falei sobre isso com a sua mãe e seu pai várias vezes. Eles são pessoas maravilhosas e você realmente deve a eles começar a se dedicar aos estudos antes que seja tarde demais.

Uau. Ela usou a cartada dos pais. Golpe baixo.

E com isso ela saiu para se juntar aos outros professores, que eram tecnicamente designados para tomar conta das crianças no recreio, mas que na verdade passavam o tempo paquerando uns com os outros.

Eu fui até os meus amigos a tempo de Pete Milano jogar uma bola de basquete Spalding de tamanho adulto e me acertar bem no meu você-sabe-o-quê.

O dia não estava sendo bom.

Dica nº 8 de Charlie Joe

NEM TODOS OS LIVROS SÃO RUINS.

De vez em quando, alguns tipos de livros podem ser uma coisa boa. Aqui estão as raras exceções:

1. *Livros de histórias em quadrinhos.*
2. *Anuários escolares.**
3. *Talões de cheque*** (quando seus avós estão escrevendo um cheque para dar a você no seu aniversário).*
4. *Facebook**** (quando seus pais não estão olhando).*

* Um anuário escolar é uma publicação anual que registra as principais ocorrências da escola, além das fotos dos estudantes durante o ano escolar (N.T.).

** Em inglês, *checkbook*, ao pé da letra quer dizer "livros de cheque" (N.T.).

*** Facebook, se traduzido literalmente, quer dizer "livro de rostos" (N.T.).

13

Como você está prestes a conhecer a minha família, eu vou aproveitar e contar um pouco sobre eles.

A primeira coisa que eu vou dizer é que eles são incríveis.

Meu pai se chama James Jackson. Jimmy Jackson para os amigos, embora eu uma vez tenha ouvido alguém chamá-lo de J.J. (O que é tão ruim quanto algum adulto careta que não me conhece me chamar de C.J.) Ele é advogado, trabalha muito, gosta de andar pela casa de cueca, tem os hábitos alimentares de uma criança de dez anos de idade e faz barulhos muito estranhos quando brinca com os cachorros. Ele ama ketchup mas odeia tomates. Ele não é alto nem baixo, nem grande nem pequeno – ele é um pai com aparência muito normal. Eu acho que me pareço um pouco com ele.

Minha mãe é Claire Jackson. Dona de casa/professora substituta, trabalha muito. Exige que eu e minha irmã mantenhamos contato com ela mas nunca atende seu telefone celular; ri de todas as piadas do papai mesmo quando elas não são engraçadas, imita um sotaque australiano perfeito, revira os olhos quando papai faz barulhos estranhos quando brinca com os cachorros, manda ele se vestir, e come os tomates do prato dele. Ela é supergentil e todos os meus amigos dizem que ela é muito bonita. Quando eles dizem isso, meio que fico com nojo e sinto orgulho ao mesmo tempo.

Minha irmã, Megan Jackson, é dois anos mais velha do que eu. Costumava ser como um moleque até descobrir os meninos. Usa shorts mais curtos do que minha roupa de baixo, toca muito bem o clarinete e AMA LER.

Então sim, embora na maioria dos livros essa provavelmente fosse a parte onde o narrador reclama de sua família, fala sobre como sua vida em casa é miserável, e suplica pela compaixão do leitor, no fim das contas eu realmente gosto da minha família. Eles são bem legais. Eu gosto de cada um deles quase que o tempo todo. Até mesmo da minha irmã. Eu sei que é loucura, mas é verdade.

Em outras palavras, nenhuma situação de grande drama familiar.

Pelo menos, não até eu chegar em casa naquela noite.

Minha irmã, Megan

14

A tarde começou calmamente.

Depois da escola, eu fui para a casa do meu amigo Jake, onde o encontrei de pé no quintal, lendo um livro.

Já é difícil o suficiente ler um livro, mas ler *em pé*?

Felizmente, a única coisa que pode tirar o nariz de Jake de um livro é o Xbox – *ele é bom mesmo* –, então nós fomos para dentro de casa para jogar.

Mas sua mãe nos encontrou à porta, anunciou que era um lindo dia e nos mandou voltar para fora.

Então nós ficamos do lado de fora por três minutos, fomos para o outro lado da casa, entramos sorrateiramente pela porta lateral, descemos para o porão e jogamos Xbox.

No meio do jogo, eu recebi uma mensagem de texto estranha de Timmy: "Leu algum bom livro ultimamente?".

Eu respondi: "Haha. O que você acha?", e esqueci completamente do assunto.

Depois de mais ou menos 45 minutos maravilhosos de Xbox, o cachorro de Jake nos denunciou ao latir furiosamente para um dos zumbis nazistas. A mãe dele nos afugentou para fora novamente.

Então ficamos no jardim por cerca de uma hora, falando sobre zumbis nazistas.

Em seguida, Jake disse:

— Então, por que você não gosta de Eliza?

Jake era incrivelmente inteligente, mas não era exatamente um Einstein com as meninas. Ele não conseguia entender porque alguém não gostaria de uma menina que já gostasse dele.

Especialmente uma menina que se parecia com Eliza.

— É difícil explicar — respondi. — Mas eu queria gostar dela. Isso tornaria a vida muito mais fácil.

— Eu não acho que a vida foi feita para ser fácil — disse o garoto que nunca tirou menos do que um nove em toda a sua vida.

Mal sabia eu.

***

Eu sabia que algo estava errado assim que cheguei em casa, quando entrei pela porta e Moose e Coco não correram para me cumprimentar como se eu fosse o único ser humano que já existiu no mundo.

Cachorros praticamente refletem o humor da casa. Se alguém está triste, eles estão tristes. Se alguém está feliz, eles estão felizes. E se alguém está com raiva, o que era o caso naquele exato momento, eles se escondem.

Eu fui até a cozinha para a minha habitual tigela de cereal antes do jantar. Eu gosto de preparar meu estômago com um lanche sólido antes de uma refeição.

Eu parei no meio do caminho quando vi minha mãe sentada à mesa com a mãe de Timmy.

Bem, em circunstâncias normais, eu adoro a Sra. McGibney. Ela tem, tipo, o melhor armário de lanches de toda a cidade: batatas fritas, pretzels cobertos com chocolate, pipoca coberta com queijo, biscoitos em abundância – literalmente todo tipo de besteira que eu quero comer e minha mãe não compra. Além disso, a Sra. McGibney está sempre disposta a levar Timmy e eu para qualquer lugar.

Mas essas não eram circunstâncias normais. Na verdade, elas eram extremamente anormais.

Quase paranormais.

Eu acenei rapidamente enquanto tentava esgueirar-me por elas no meu caminho até a caixa de cereal.

— Oi, Sra. McGibney.

Ela sorriu quase alegremente.

— Olá, Charlie Joe, querido.

Minha mãe interrompeu as gentilezas:

— Charlie Joe, o prato de cereais vai ter que esperar. Por favor venha até aqui e sente-se.

Eu sentei. Coco foi para o outro quarto – ela odiava confronto. Moose ficou por perto, olhando para mim como se dizendo: "Eu realmente sinto muito por você, mas ao mesmo tempo, estou muito feliz por não ser você neste momento".

Minha mãe cruzou as mãos naquele sinal universal materno para "*Eu falo e você ouve*".

— Rose veio aqui hoje com algumas notícias muito preocupantes.

***

Você quer que eu continue, ou devo terminar o capítulo por aqui? Você está desesperado para descobrir o que acontece, ou você está mais ansioso para terminar o capítulo, colocar o livro de lado e ir assistir à televisão?

Eu diria que nós deveríamos fazer uma votação, mas como isso é meio que impossível, vou me colocar no seu lugar. O que eu iria querer? Como eu votaria?

Isso resolve tudo. Fim de capítulo.

Dica nº 9 de Charlie Joe

LER PODE DEIXAR VOCÊ GORDO.

Certamente, você já ouviu tudo sobre as pesquisas que demostram como as crianças de hoje apenas ficam sentadas comendo doces e cheeseburgers e como a obesidade entre jovens é um grande problema nacional. Eu acho que um dos canais de notícias disse que há "uma epidemia de gordura", o que soa quase tão assustador quanto o aquecimento global.

Bem, você sabe qual é um dos principais contribuintes para toda essa gordura?

A leitura.

Quero que você saiba que a leitura não queima absolutamente nenhuma caloria.

Então, da próxima vez que você pegar um livro, você pode querer se lembrar de quão prejudicial à saúde é a escolha que você está fazendo.

É para o seu próprio bem.

15

Enquanto minha mãe olhava para mim do outro lado da mesa da cozinha, de repente me ocorreu qual era o problema.

Quando algo interessante acontece na escola, as pessoas gostam de falar sobre isso.

Quem diria?

Acontece que depois de Eliza e eu termos conversado, Eliza imediatamente contou tudo à sua amiga Talia. E Talia contou a Adam, um garoto da escola. E Adam contou à Becky, Becky contou a David, David contou à Emily, Emily contou a Eric e Eric contou à Cathy... que, por acaso, é a irmã de Timmy.

E Cathy contou à sua mãe. Que, por acaso, é a mãe de Timmy.

E a mãe de Timmy contou à minha mãe.

E minha mãe me contou, o que é bom.

No início, a coisa toda parecia perfeitamente inofensiva.

— Então deixe eu entender direito — ela disse, embora nós dois tivéssemos certeza de que ela tinha entendido direito. — Você pediu à Eliza Collins para falar com o pai dela para que Timmy entrasse para o time de lacrosse?

— Sim — eu respondi. — O que tem de mais com isso? Eu só estava tentando ser um bom amigo.

Minha mãe suspirou profundamente, o que normalmente significava o começo do fim.

— Um bom amigo que quer que alguém fique lendo seus livros por ele, aparentemente.

Ops.

— Timmy me contou tudo sobre seu pequeno acordo, querido — disse a Sra. McGibney, quase se desculpando.

Eu comecei a suar.

— O que foi que ele te disse? — perguntei, desnecessariamente.

Mamãe respondeu essa:

— Em troca de você comprar comida para Timmy no lanche, ele te conta o que tem no livro que você tem que ler. Assim, você não precisa lê-lo.

Então ela esperou que eu confirmasse ou negasse. O que eu podia fazer?

— Ah — eu confirmei.

Mas ela não tinha terminado.

— E, de acordo com Timmy, isso vem acontecendo há vários anos, e em todo esse tempo você praticamente não leu sequer UM dos livros que deveria ler.

Uau. Timmy não tinha deixado de fora nenhum detalhe sujo. Ele deve ter ficado com muita raiva por eu ter conversado com Eliza. Ou, mais precisamente, ele deve ter ficado com muita raiva por toda a escola ter descoberto que eu tinha falado com Eliza.

Droga, eu pensei comigo mesmo, Katie estava certa. Como sempre.

— Não é tão simples — eu disse. — Eu li partes dos livros. Eu li todos os primeiros capítulos e alguns dos segundos capítulos e a maioria dos finais, e outras coisas. Eu realmente fui completamente capaz de entender a ideia desses livros, com certeza. Timmy só me ajudou me contando alguns detalhes, só isso.

É, essa não ia colar.

Minha mãe me olhou com verdadeira decepção, o que fez com que eu me sentisse terrível.

— Nós vamos conversar mais sobre isso quando Papai chegar em casa.

Ótimo. Mais uma coisa para esperar ansiosamente.

A Sra. McGibney tomou um gole da sua cidra, o que me lembrou que não devia nem mais ter saliva na minha boca – eu estava morrendo de sede. Seus olhos estavam cheios de piedade quando ela disse a única coisa que ela sabia que ia fazer eu me sentir pelo menos um pouquinho melhor.

— Eu quero que você saiba, Charlie Joe, que Timmy vai estar tão encrencado quanto você.

Dica nº 10 de Charlie Joe

É FÁCIL CONVENCER OS OUTROS QUE VOCÊ LÊ, MESMO QUE, DE FATO, NÃO LEIA.

Há muitas maneiras para se fazer passar por amante da leitura. Apenas siga esses passos simples:

1. *Tenha uma estante de livros no seu quarto. Encha-a de livros.*
2. *Use óculos - mesmo que você não precise deles.*
3. *Use bastante a palavra "portanto".*
4. *Coloque um cartaz de Harry Potter na sua parede.*
5. *Mantenha um cartão de biblioteca à mão em todos os momentos.*
6. *Peça um vale-presente da Amazon no seu aniversário. (Não se preocupe, eles vendem DVDs.)*
7. *Compre uma camisa com uma foto de Mark Twain.*
8. *Passe um tempo em uma livraria (que tenha onde tomar um ótimo chocolate quente).*
9. *Coloque o website da biblioteca local como página inicial no seu computador.*
10. *TALVEZ O MAIS IMPORTANTE: Não irrite ou envergonhe seu amigo que está lendo todos os livros por você.* ***NUNCA.***

16

Um livro pode ser dividido em tempos, como um jogo de futebol? Eu acho que este é o fim do primeiro tempo. Vamos para o intervalo comercial.

Parte Dois

O AMOR DA MINHA VIDA E OUTRAS IMPOSSIBILIDADES

17

Você conhece a expressão "leia e chore"?

Quem a inventou é um gênio.

Dica nº 11 de Charlie Joe

LIVROS QUE SÃO DIVIDIDOS EM PARTES DEVEM SER EVITADOS A TODO CUSTO.

Exceto este.

18

É muito difícil sentar aqui, de frente para a sua mãe e pai, ser informado de que fez algo errado – o que, de fato você fez – e inventar algum tipo de resposta rápida e inteligente.

Então talvez você me perdoe pela resposta que eu inventei depois de ouvir minha mãe contar ao meu pai toda a história e ouvir meu pai me perguntar o que eu tinha a dizer:

— Eu sinto muito, muito mesmo, e eu juro, isso não vai acontecer de novo, nunca, de forma alguma.

Eu sei, brilhante, certo?

Eu vou poupá-lo dos detalhes vergonhosos de meus apelos por misericórdia – é possível que uma lágrima ou duas possam até ter rolado do meu olho esquerdo – e ir direto à parte onde meu pai anunciou a punição.

— De castigo; uma semana.

Eu podia viver com aquilo, não foi tão ruim.

Então, minha mãe entrou na conversa.

— Pôr a mesa; duas semanas.

Bem, o negócio já estava ficando um pouco extremo.

— Pôr a louça na máquina de lavar; três semanas — ela continuou.

Espere, o quê? Isso eu não podia deixar passar.

— Pôr a louça na máquina de lavar por três semanas?! — eu gaguejei. — Isso é loucura; é muito injusto! Não basta eu ser punido, Megan é recompensada? Como isso pode ser justo?

Meu pai fez aquela coisa quando seus olhos de repente ficam muito estreitos, e me ocorreu que eu podia ter saído um pouco da linha, interrompendo para reclamar quando as emoções ainda estavam à flor da pele. Eu esperei nervosamente.

— Ah, você não acha que é justo, não é? Ótimo. Nós vamos pular essa — ele ofereceu.

Espere... o meu apelo tinha realmente funcionado?

— Em vez disso, vamos escolher ficar sem telefone celular por um mês. E isso realmente funciona muito bem, já que eles não permitem telefones celulares na biblioteca pública de qualquer maneira, que é onde você vai passar todos os dias depois da escola.

Hum, será que podemos voltar para toda a coisa da máquina de lavar louça?

19

Eu sei que você sente a minha dor, mas eu tenho que dizer isso de qualquer forma. É impossível exagerar sobre a importância do celular na vida de uma pessoa.

Especialmente se essa pessoa está de castigo e tem um trabalho a ser entregue em cinco dias.

Na verdade, tecnicamente, em quatro dias e meio.

Dica nº 12 de Charlie Joe

A BIBLIOTECA PODE SER SUA AMIGA.

Não assuma automaticamente que só porque a biblioteca está cheia de livros ela é um lugar ruim.

Tudo depende da razão pela qual você está indo para lá.

Por exemplo, há uma seção de filmes muito boa na maioria das bibliotecas. E elas têm computadores.

A biblioteca da minha cidade tem até um lugar para comprar lanches. Eu gosto de pegar um livro (que eu não tenho nenhuma intenção de ler) e andar lentamente até o café para um pouco de chocolate quente e uma conversa.

De vez em quando eu até abro o livro.

Às vezes, alguma menina que eu conheço vem até mim e me pergunta o que eu estou lendo. A menos que ela estude na minha escola; nesse caso ela vai saber que eu e os livros não nos damos bem. Então, pergunto o que ela está lendo. Em seguida, faço várias perguntas sobre o livro nas mãos dela, o que mostra quão curioso e sensível eu sou. Então digo que ele parece ser um livro que eu poderia gostar. Ela sorri. Eu sorrio de volta.

Sim, como eu disse, a biblioteca pode ser sua amiga.

20

A biblioteca também pode ser sua inimiga mortal.

Tire a menina da equação, adicione sua mãe, sua irmã e a completa ausência de mensagens de texto e a biblioteca se tornará uma espécie de inferno na terra. Um poço de desesperança. Um buraco negro de miséria e desespero.

Um lugar onde você não iria querer estar, especialmente em um *sábado*.

Mas naquele sábado – o dia seguinte à minha pequena conversa com mamãe e a Sra. McGibney – eu estava sentado no "inferno na terra" municipal de Eastport com uma cópia de O *acordo de Billy* na minha mão.

Tentei encontrar um canto da biblioteca onde eu não poderia ser visto, porque, afinal, eu tinha uma reputação a manter.

E então – acredite ou não – eu comecei a ler.

21

Sim, este deveria ser o momento em que eu digo que, afinal de contas, o livro era incrível, que o tempo voou e, de repente, eu olhei para cima e eram oito horas; que descobri os prazeres da leitura e da contação de histórias, que os personagens falaram comigo e não apenas eu queria ler mais livros, eu queria me mudar para a biblioteca.

Só que isso não foi o que aconteceu DE FORMA ALGUMA.

Veja, eu não tenho nada contra O *acordo de Billy* ou o cara que o escreveu, um tal de Ted Hauser. Eu tenho certeza de que ele é um homem perfeitamente agradável com uma ótima família, e parabéns a ele por escrever um livro do qual a maioria das crianças parece gostar. Estou certo de que sua mãe tem muito orgulho dele e se gaba disso em jantares.

Mas não importa quão bom Ted Hauser seja e quão bem-sucedido ele é como autor, eu tenho certeza de que isso não lhe dá o direito de arruinar a minha vida.

Depois de duas horas – e acredite em mim, eu estava contando quase cada segundo –, eu percebi que tinha lido dezoito páginas.

Agora, eu não sou nenhum especialista – na verdade, estou longe disso –, mas tenho quase certeza de que dezoito páginas em duas horas não é uma velocidade digna do livro dos recordes.

Nesse ritmo, eu iria terminar o livro em cerca de três anos.

Senti uma batida de leve no meu ombro. Era a minha irmã, Megan, que tinha quatro – contem comigo, QUATRO! – livros em suas mãos.

— Como está indo? Você está chegando em algum lugar? Você está gostando do livro?

Às vezes, ter uma irmã legal não é nada melhor do que ter uma irmã má. Acredite em mim, às vezes é pior.

Eu olhei para ela e esfreguei os olhos.

— Ah, sim, está indo. Na verdade, é até muito bom.

— Eu aposto que é.

Eu olhei ao redor para todas as outras pessoas na biblioteca, aparentemente lá por vontade própria. Quem eram essas pessoas que pareciam realmente estar apreciando o ato de apenas estarem lá sentadas, não fazendo nada além de olhar para palavras em uma página, e de alguma forma encontrando alguma sensação de felicidade ou alegria ou satisfação ou realização? Havia até mesmo pessoas lendo jornal, pelo amor de Deus. O jornal! Quando você pode acessar a internet e pegar três manchetes rápidas que falam tudo o que você pode precisar saber. (Guerra, paz, desastre, a estreia de um novo filme 3D – está tudo a apenas um clique de distância, graças às boas pessoas do Google.)

Quem eram essas pessoas e o que eu estava fazendo aqui com elas?

Megan se sentou ao meu lado.

— Ouça, eu vou fazer um acordo com você. Essa é provavelmente a coisa mais estúpida que eu vou fazer na minha vida e tenho certeza de que vou me arrepender para sempre. – E ela parou; uma pausa típica de quem está repensando o que ia dizer.

Continue. CONTINUE!!! Minha boca não disse isso, mas meu cérebro estava gritando.

— Eu não suporto ver você nesse desânimo. Eu sei que você está quase sem tempo. Eu vou ler o livro para você hoje à noite. Só desta vez e nunca mais. Daqui para frente, você lê seus próprios livros. LEIA OS LIVROS!

Como eu disse. Às vezes ter uma irmã legal é a melhor coisa do mundo.

22

UMA BREVE HOMENAGEM À MINHA INCRÍVEL IRMÃ

O engraçado sobre Megan Jackson é que ela é completamente sem graça. Ela não tem nenhum senso de humor – não pode contar uma piada para salvar a sua vida e não acha graça em *Os Simpsons*, o que é apenas triste.

Vamos chamá-la de comicamente incapaz.

Mas – e eu quebrei minha cabeça pensando nisso, acredite – essa é a única coisa no mundo inteiro que existe de errado com Megan Jackson. Ela é bonita, legal, inteligente, atlética e é amigável com nerds e outros menos afortunados – ela é simplesmente incrível de todas as formas.

E eu já pensava assim *antes* mesmo de ela decidir salvar a minha vida.

Quero dizer, eu nem sempre fui muito chegado aos seus namorados, e ocasionalmente ela sequestra o banheiro, mas basicamente, eu não poderia ter uma irmã mais velha melhor.

Ela é o que chamam de "gente boa".

(Eu adoro essa expressão. Como uma pessoa pode ser uma "gente"? O que isso quer dizer?)

Dica nº 13 de Charlie Joe

VOCÊ PODE IR AO CINEMA E AINDA ESTAR LENDO.

Eu adoro ir ao cinema. (Isto é, quando eu não estou de castigo.) É uma das minhas coisas preferidas. E, às vezes, quando volto do cinema e meus pais me perguntam onde eu estava, eu digo "lendo".

Que eu morra se eu estiver mentindo.

Sério. Confira todas as formas que você lê no cinema:

1. *Canhoto do bilhete. (Certifique-se de que você comprou o bilhete para o filme certo!);*
2. *Créditos dos trailers.*
3. *"Não indicado para menores de...".*
4. *Créditos de abertura.*
5. *Legendas. (Filmes estrangeiros podem ser bons e as meninas são sempre bonitas.)*
6. *Créditos finais.*
7. *Os cartazes do lado de fora do cinema.*
8. *O cardápio do jantar depois do filme.*

9. *As avaliações e comentários do filme no IMDB,* que você pesquisa quando chega em casa.*
10. *As mensagens de texto que você recebe dos seus amigos discutindo sobre se o filme era bom ou não.*

* IMDB, ou "Internet Movie Database" é uma base de dados on-line com informações sobre filmes, programas de televisão e artistas de filmes ou música (N.T.).

23

Então, depois de pular e gritar de alegria por dentro – afinal de contas, era uma biblioteca e eu não queria fazer uma cena e distrair todos aqueles leitores dedicados – decidi levar a minha irmã para tomar sorvete. Era o mínimo que eu podia fazer, e meio que percebi que devia a ela pelo menos uma bola de sorvete, sabe? (Na verdade, se você contar o número de páginas em O *acordo de Billy*, eu devia 167.)

Então – e é aqui que a história começa a ficar estranha – nós chegamos na sorveteria e quem estava lá? *Timmy McGibney.*

Isso mesmo – o traidor, o dedo-duro-de-conspirações--do-livro, o ele-está-tão-encrencado-quanto-você, o supostamente de castigo Timmy McGibney.

Mas o problema não é apenas que ele estivesse fora de casa quando deveria estar de castigo; afinal, eu também estava fora de casa.

O problema é com quem ele estava fora de casa, com quem ele estava dividindo um milk-shake de chocolate naquele exato momento... com quem ele estava quebrando meu coração.

(Lembra de quando eu disse que Timmy ainda não estava interessado em meninas? Bem, esqueça isso.)

Que rufem os tambores, por favor...

Diga oi para Hannah Spivero.

24

Você provavelmente está se perguntando por que eu esperei esse tempo todo para apresentá-lo ao amor da minha vida.

Pergunta perfeitamente válida.

Para ser honesto, eu não tinha certeza se queria tocar no assunto. Quero dizer, vamos lá, o que Hannah Spivero tem a ver com este livro? O que a criatura mais perfeita que Deus e/ou o universo já tenha criado tem a ver com dizer às pessoas como fazer para não ler?

Até onde eu sei, nada. Então minha intenção era deixá-la fora disso – longe dos olhos, longe do coração, certo?

Errado.

Eu sou louco por Hannah Spivero desde... que dia é hoje, sábado? Deixe eu ver... quarta... quinta... sexta...

Mais ou menos sete anos.

A primeira vez em que eu coloquei os olhos em Hannah foi no jardim de infância, quando ela foi rebater a bola em um jogo de *kickball*.* Eu estava arremessando. (Bem, para ser técnico, rolando.) Eu estava ostentando aquele sorriso clássico de quem-essa-menina-pensa-que-é enquanto guiava

* Kickball é um jogo típico das escolas dos Estados Unidos, criado a partir da combinação de beisebol e futebol (N.T.).

gentilmente a bola pelo caminho rumo a seus pés feminino e descoordenados.

Bem, ela praticamente chutou a bola para a China. E eu acho que ela ainda não chegou lá.

Enquanto Hannah se aproximava da primeira base, ela mostrou a língua para mim.

Ao chegar na segunda base, ela colocou o dedão no nariz e deu tchauzinho.

Quando chegou na terceira base, ela franziu o nariz para mim e sorriu.

No momento em que ela tocou a última base, eu estava apaixonado.

***

UMA BREVE HOMENAGEM À HANNAH SPIVERO

Hannah é muito inteligente, mas não assustadoramente inteligente. Ela não é a pessoa mais criativa ou a mais engraçada ou a mais nada, realmente. É só que, bem, para mim, ela é a mais *tudo*. Ninguém chega nem perto, até onde eu sei.

Aqui está um exemplo: se você comparar Hannah à Eliza (OK, eu posso ouvir a voz da minha mãe dizendo:

"Não é legal ficar comparando".), Eliza é definitivamente mais bonita parte por parte, se é que você me entende. Cabelo lindo, olhos lindos, pele linda, tudo lindo – sedutora de uma forma que diz "eu sou deslumbrante" repetidamente para cada cara com quem ela fala.

Hannah, por outro lado, tem cabelo preto, olhos perfeitamente agradáveis e um pequeno espaço entre os dois dentes da frente que seu aparelho ortodôntico nunca consertou. Ela ama a vida, e é sempre ela mesma, sem sentir a necessidade de anunciar ao mundo quão linda ela é.

Além disso, ela ama cachorros, chocolate e os Beatles – minhas três coisas preferidas no mundo.

O único defeito de Hannah é seu irmão gêmeo, Teddy. Se Hannah é perfeita, então Teddy é... digamos, imperfeito. Ele sempre soube que sou apaixonado por sua irmã e tomou como missão da sua vida me fazer infeliz.

Mas, apesar disso, não havia competição. Parte por parte, Eliza é absolutamente mais bonita, mais feminina, mais sedutora e esse tipo de coisa. Mas no fim das contas, ela não é Hannah.

OK, chega de obsessão.

25

Mas voltemos.

Ali estava ela, dividindo um milk-shake com Timmy.

E não apenas isso.

Não bastava que eles estivessem rindo ou que eu pudesse jurar que o dedo mindinho esquerdo de Timmy estava suspeitosamente perto do dedo indicador direito de Hannah.

O problema era que eles estavam sentados lá, se divertindo, com o que parecia ser metade das crianças da minha série que olhavam para eles com admiração e respeito. (OK, provavelmente eram apenas cerca de dez crianças, mas você entende o que eu quero dizer.) Hannah não estava vestindo nada extravagante – uma camiseta com "Let It Be" escrito e jeans pretos –, mas nossa, como ela estava bonita.

— Aquela não é Hannah Spivero? — Megan perguntou o óbvio.

— *Dã* — respondi.

— O que ela está fazendo aqui com Timmy McGibney? — ela perguntou, Era o que eu queria saber.

— Como é que eu vou adivinhar? — eu disse.

Antes de que ela pudesse fazer mais uma pergunta irritante, fui direto para a mesa deles.

Timmy me viu chegando e não pareceu nem um pouco perturbado. Na verdade, ele tinha um pequeno brilho em seus olhos, como se estivesse planejando algo.

— Ei, Charlie Joe. O que você está fazendo aqui? Você não está de castigo?

— Claro que eu estou de castigo. Você não está de castigo?

Timmy tomou um gole de milk-shake que, tenho que admitir, parecia delicioso.

— Eu estou aqui com Hannah porque estávamos estudando juntos para o teste de ciências. — Era bem conhecido o fato de que Hannah, além de seus inúmeros outros atributos e de seu estado de perfeição absoluta, era extremamente boa em ciências.

Eu olhei ansiosamente para os vários sabores de sorvete que me esperavam, me tentando, apenas fora do alcance.

– Por que você pode sair para tomar sorvete para estudar ciências? Você não pode fazer isso na sua casa?

Foi então que Hannah decidiu entrar na conversa.

— Charlie Joe, você recebeu minha mensagem de texto?

Isso fugiu totalmente do assunto. Ela me mandava mensagens de texto aleatórias o tempo todo. Elas sempre eram sobre assuntos irritantemente inúteis, como a que horas era o show da banda ou quando o dever de casa de espanhol deveria ser entregue. (Para mim, qualquer mensagem de texto de Hannah que não declarasse amor eterno era inútil.)

Eu me virei para olhar para ela, o que, como de costume, machucou um pouco meus olhos. Não é que a beleza de Hannah seja ofuscante ou algo assim. Mas ela tem essa coisa brilhante, como se tivesse engolido uma lâmpada gigante ou algo do tipo, e quando eu olho para ela eu tenho que apertar meus olhos. Mas sempre faço isso sem que ninguém perceba.

— Não, eu não recebi sua mensagem de texto. Meus pais me tiraram o telefone celular.

— Ai — ela riu.

Timmy se intrometeu antes que Hannah e eu começássemos qualquer coisa que se parecesse com um diálogo.

— Os testes para o time foram muito divertidos hoje, hein? — ele disse, maldosamente.

— Sim, foram ótimos — respondi, sarcasticamente.

Os testes para o time de lacrosse haviam sido naquela manhã. Eu não tinha exatamente deixado o local em chamas. Era bastante óbvio que Timmy ia entrar para o time de lacrosse e eu não.

E, claro, Eliza não tinha nada a ver com isso.

Isso significava que se Timmy não tivesse sido tão inseguro e se eu não tivesse sido uma matraca, nós ainda seríamos amigos, ele ainda estaria lendo meus livros e eu não estaria sentado aqui vendo ele dividindo um milk-shake com a minha futura esposa!

Timmy tomou outro longo e volumoso gole de milk-shake e, em seguida, olhou para mim:

— Você ainda não respondeu a minha pergunta. Se você está de castigo, por que está aqui tomando sorvete?

— Bom, é que estávamos na biblioteca pra *mim* ler; muito obrigado por perguntar — eu disse.

— Para *eu* ler — Hannah interrompeu. Outro fato bem conhecido, além de seus inúmeros outros atributos e de seu estado de perfeição absoluta, era ela ser extremamente boa em gramática.

— Para *eu* ler — respondi, dando razão a ela.

Timmy levantou as sobrancelhas, sem acreditar.

— Você estava lendo? Dá um tempo. — Ele me dispensou com um aceno de mão e voltou para o seu milk-shake.

Por alguma razão, eu não parei por aí.

— Isso mesmo. Eu não apenas estava lendo, eu terminei de ler *O acordo de Billy*. E digo mais: o livro é ótimo.

Timmy levantou as sobrancelhas mais alto do que eu achei que fosse humanamente possível.

— Você terminou? Em um dia?

Agora eu já tinha ido longe demais nessa história. Não tinha como recuar.

— Praticamente. — Comecei a me estressar um pouco, mas não demonstrei.

— Sério? O que acontece no fim?

Antes que eu pudesse inventar algum tipo de resposta, Megan se sentou ao lado de Hannah, como se elas sempre tivessem sido melhores amigas.

— Eu gosto muito dos seus sapatos — ela disse, salvando mais uma vez o dia.

Hannah olhou para minha irmã com admiração. Ela podia ser uma deusa aos meus olhos, mas acho que no fundo Hannah era apenas mais uma menina do ensino fundamental que ficava muito animada quando uma menina do ensino médio prestava atenção nela.

Assim que as duas meninas começaram a tagarelar sobre sapatos, eu vi minha chance.

— Bom, vou comprar sorvetes para nós.

Timmy olhou para mim por um minuto e, em seguida, decidiu entrar para matar.

— Sabe de uma coisa? Quando eu não estiver mais de castigo, vai sobrar bastante tempo pra *mim* e Hannah irmos ao cinema. Nós estamos namorando agora.

Eu congelei e comecei a suar. Eu vi minha vida passar diante dos meus olhos. (Infelizmente, uma grande parte dela parecia envolver eu adorando Hannah e Hannah particularmente não se importando.)

Mas, principalmente, eu apenas estava completamente chocado.

Hannah desviou os olhos de sua conversa com Megan, e eu sabia que ela estava prestes a dizer algo.

Graças a Deus, ela ia colocar um fim a essa loucura e dizer a Timmy que aquela tinha sido a coisa mais ridícula que ela já tinha ouvido.

Mas tudo o que ela disse foi

— Hannah e *eu*.

26

Os capítulos estão ficando mais longos.

Eu não sei o que está acontecendo. Eu tento evitar, mas parece que isso já está fugindo um pouco do meu controle.

Não vou culpá-lo se você estiver com muita raiva de mim agora. Eu prometi capítulos muito, muito curtos e eu não estou cumprindo.

Acho que tudo o que posso dizer é que suas reclamações como cliente estão sendo devidamente anotadas; eu estou ciente do problema e espero que o sistema volte a funcionar normalmente o mais rápido possível.

Obrigado por sua paciência.

27

Pronto, assim está melhor.

Dica nº 14 de Charlie Joe

SE VOCÊ FOR FORÇADO A LER UM LIVRO, CERTIFIQUE-SE DE QUE NÃO SE IMPORTA COM O QUE VAI ACONTECER.

Para ter certeza de que você não vai ficar muito envolvido com os personagens ou a história do livro que você está lendo, por favor lembre-se desses fatos simples:

1. *Os personagens não são reais. (ficção)*
2. *Você não conhece essas pessoas pessoalmente. (não ficção)*
3. *Eles podem muito bem estar mortos. (biografia histórica)*
4. *Eles o ignorariam num restaurante. (biografia de esportistas)*
5. *O que eles estão fazendo nunca poderia acontecer. (ficção científica)*
6. *De maneira nenhuma aquela menina incrível se apaixonaria por aquele cara bobo. (ficção adolescente)*
7. *Nunca que aquele garoto magricela poderia derrubar aquele garoto enorme. (ficção de esportes)*

8. *Nada disso vai importar mais tarde na sua vida. (livro de matemática)*
9. *Nada disso vai importar um dia. (livro de ciências)*
10. *Quem se importa? (praticamente qualquer livro, sempre)*

28

A cidade onde eu moro, Eastport, é uma daquelas cidades frequentemente chamadas de "um ótimo lugar para criar os filhos".

Eu acho que a tradução disso é "a vocês, crianças, foram dadas boas escolas, bons professores, bons pais, boas atividades extracurriculares, bons times de esporte, bons programas de arte, bons professores particulares e bons orientadores. Vocês crianças receberam tantas coisas, então o mínimo que vocês podem fazer é aproveitar sua boa sorte e tornar-se extremamente bem-sucedidos".

Não que coloquem pressão em nós ou nada disso.

Mas, ei, eu não estou reclamando. Nós temos uma praia incrível, o centro da cidade é bem legal, dois cinemas e um lugar incrível chamado Jookie's (ninguém parece saber quem ou o quê Jookie é ou era). Jookie's é uma zona livre de adultos e de stress onde você pode jogar pingue-pongue, fazer cestas de basquete, ouvir música e, de modo geral, não ter que pensar em pais ou notas ou qualquer coisa importante.

Depois de toda aquela loucura que aconteceu na sorveteria, minha irmã e eu fomos ao Jookie's para nos recuperarmos.

Eu decidi que deveríamos jogar hóquei aéreo, o que é uma ótima atividade se você não tiver sentindo vontade de conversar, já que ele faz barulho demais para permitir uma conversa.

Megan tentou mesmo assim.

— AQUILO FOI ESTRANHO, HEIN?! – ela gritou para mim, enquanto batia no pequeno disco vermelho.

— SIM! — eu gritei, enquanto batia de volta.

— VOCÊ DEVE REALMENTE ESTAR IRRITADO AGORA — Megan concluiu, enquanto ela marcava o gol da vitória, e ambos o jogo e a conversa tinham terminado.

Dica nº 15 de Charlie Joe

CERTIFIQUE-SE DE QUE VOCÊ LEU PELO MENOS UM LIVRO ATÉ O FIM, PARA QUE SE ALGUÉM PERGUNTAR A VOCÊ QUAL É O SEU LIVRO PREFERIDO, VOCÊ POSSA RESPONDER A PERGUNTA.

Eu acho que o único livro que já li até o fim foi *A Árvore Generosa*.

Você já o leu? Sério, o autor, um tal de Shel Silverstein – um cara assustador, confira a imagem na parte de trás do livro – sabia exatamente como escrever para pessoas que não gostam de ler. Como eu.

Acho que o livro todo tem, no máximo, 62 palavras.

Ainda assim, ele contou uma história muito legal, sobre um garotinho e sua amizade especial com uma árvore e como ele tira e tira e tira da árvore até que a árvore não tem mais nada para dar. No fim, ela é apenas um toco e quando o garotinho volta como um homem velho, um toco é tudo o que ele precisa, pois ele só precisa de um lugar para se sentar. Na verdade, como eu descrevo o livro, parece um pouco triste, mas ele é ótimo. É, bem... eu acredito que a palavra seja *tocante*.

Apenas aqui entre nós? Tenho que admitir que eu chorei um pouquinho lá pelo fim do livro.

Foi quase o suficiente para me fazer querer ler outro livro.

Mas não tanto.

29

Aquela noite, enquanto eu estava sentado no meu quarto tentando não pensar em Timmy e Hannah, Megan bateu na minha porta. Ela entrou antes que eu pudesse responder.

— O que foi aquilo com Timmy e Hannah? – ela disse, caindo na minha cama.

Eu fingi não me importar.

— É, tanto faz.

— Então, eu comecei a ler *O acordo de Billy*. Na verdade, ele é até muito bom — Megan continuou, misericordiosamente mudando de assunto. — O garoto, Billy, passa por altos e baixos com toda a coisa do beisebol e, no fim, quando ele está arremessando no grande jogo, eu estava tão nervosa que era como se eu realmente tivesse lá! — Ela me olhou nos olhos. — Eu acho que um garoto como você, que gosta de esportes, realmente leria um livro como esse.

— Sim, bem, eu gosto de *praticar* esportes, não de ler sobre eles — eu disse.

Ela se levantou para sair.

— Eu sei, eu sei – ela disse, me dando um tapa fraternal no ombro, o tipo de tapa que não machuca nem um pouco. — Tudo o que eu estou dizendo é que um dia você próprio pode se encontrar no lugar do arremessador, em uma situação parecida, e se lembrar de como Billy lidou com isso poderia realmente ajudar você.

Tudo muito adorável.

Eu acenei o que eu esperava ser um tchau, mas ela ficou lá, parada na porta.

— Você tem que começar a ler em algum momento, você sabe — ela disse, demoradamente. — O que você vai fazer quando tiver que escrever seu artigo opinativo?

Eu congelei. O artigo opinativo era uma atividade gigante que nós tínhamos que fazer no fim do ano, e ele envolvia uma tonelada de livros. Mesmo que ele ainda estivesse a alguns meses de distância, pensar nele já me fazia suar frio.

Eu tentei encolher os ombros.

— Por que você iria querer tocar nesse assunto bem no meio deste momento maravilhoso de interação fraternal?

— Eu só estou dizendo — respondeu ela, mas decidiu não forçar a barra.

— Obrigado por ler o livro, Megan — eu disse, do fundo do coração.

— Não se preocupe — ela respondeu, também do fundo do coração. — Eu vou escrever uma sinopse detalhada amanhã depois que eu terminar o livro, se você precisar.

— Ah, eu preciso — eu disse. Ela bateu na minha orelha e saiu pela porta.

30

A semana seguinte passou como um borrão – isto é, se borrões demorassem cerca de mil anos e se movessem na velocidade de uma geleira. Segue um breve resumo:

Domingo: Megan realmente quebrou o meu galho. Ela terminou O *acordo de Billy* em mais ou menos duas horas – como ela consegue? – e me deu uma sinopse incrível do livro. Então comecei a escrever o meu trabalho, que era para ser entregue só na sexta, porque eu queria me livrar dele. Mas era impossível me concentrar porque meu telefone celular não estava por perto para eu mandar mensagens de texto para meus amigos, e papai também havia desligado a internet sem fio do meu computador, então bater papo também não era uma opção.

Adultos não entendem, mas nós crianças PRECISAMOS fazer sete outras coisas enquanto fazemos o nosso dever de casa. Caso contrário, ficamos tão concentrados no trabalho que não conseguimos nos concentrar no trabalho.

Por isso, eu demorei quase cinco horas para escrever um texto que normalmente não teria demorado duas horas. Mas finalmente terminei aquele trabalho estúpido e agora eu não precisava mais pensar nele por uma semana inteira.

NOTA PARA OS PAIS: Nosso sucesso acadêmico, social e econômico no futuro depende de sermos capazes de mandar mensagens de texto, bater papo na internet, checar o Facebook e ligar para os nossos amigos a cada quinze segundos enquanto escrevemos um trabalho para a escola. De preferência, enquanto jogamos "Call of Duty" ao mesmo tempo.

Se vocês querem que sejamos capazes de nos concentrar, não tirem nossas distrações.

31

Manhã de segunda-feira: Mal chego à escola e sou recebido pela visão de Eliza Collins correndo até mim como se ela tivesse acabado de ganhar na loteria.

— Você está sabendo que Hannah Spivero e Timmy McGibney estão namorando?!

Eu indico que sim com a cabeça e ando quase meio metro antes de Jake Katz correr até mim como se ele fosse dono de metade do bilhete de loteria premiado de Eliza.

— Você está sabendo que Hannah Spivero e Timmy McGibney estão namorando?!?!

Outra confirmação com a cabeça. Outro meio metro à frente e Pete Milano vem até mim e me bate dolorosamente nas costelas.

— Minha nossa. Hannah Spivero e Timmy McGibney!

Será que já é tarde demais para ligar para a escola dizendo que eu estou doente?

Tarde de segunda-feira: A escola inteira está se divertindo muito me vendo assistir a Timmy e Hannah sentarem juntos no lanche.

A única que mostra alguma compaixão é Katie Friedman.

— Homens — ela disse com um suspiro, enquanto guardávamos nossas bandejas de lanche. Todos sabiam que Katie é desconfiada e rápida em julgar pessoas do sexo masculino.

— Mulheres — eu respondi.

Ela riu.

— Você está bem?

Para qualquer outra pessoa, eu teria mentido.

Para Katie, eu disse:

— Na verdade, não.

Ela pegou a minha mão por apenas um segundo, então a soltou. Em seguida, disse:

— Você sabia que a expectativa de vida média de um romance no ensino fundamental é de nove dias?

Katie Friedman é uma boa pessoa. Ela merecia um sorriso, então eu tentei dar um.

— Apenas mais sete dias à frente — eu disse.

32

Tarde de terça-feira: Na aula de inglês, as coisas melhoraram um pouco. Acho que a Sra. Ferrell não descobriu sobre o pequeno acordo que eu tinha com Timmy. No fim da aula, ela pediu para ver o meu trabalho, mesmo sabendo que o prazo de entrega era só dali a três dias.

Uma gota de suor surgiu na minha testa.

— Mas ele não é para ser entregue só na sexta.

— Eu sei disso, Charlie Joe. Eu só quero ver onde você está.

— Mas eu mal comecei.

Eu tinha terminado o trabalho, claro, mas ela não precisava saber disso. Especialmente porque eu tinha dito a ela na sexta-feira que eu estava "mais ou menos no meio do livro", o que todo mundo sabe que significa "eu não comecei ainda".

Se eu mostrar o trabalho terminado, ela certamente vai se perguntar como é que eu consegui ler tão rápido.

Dei uma espiada em Timmy, que estava na fila de trás rabiscando em seu caderno e aproveitando o divertimento, e, de repente, tive uma ideia: a verdade.

— Na verdade, ele está no meu computador em casa.

Ela me dá seu telefone celular.

— Diga para sua mãe trazê-lo depois da escola para que possamos revisar juntos.

Que sorte a minha que minha mãe tem uma reunião da associação de pais e mestres toda terça-feira à tarde, na sala dos professores.

Por que minha mãe tem que ser tão atenciosa e envolvida? Por que ela não pode ser mais como uma daquelas mães nos jornais que deixa os filhos no shopping durante a noite?

Engoli em seco.

— OK.

Timmy deu uma risadinha e mostrou seu desenho: um retrato de mim deitado na casinha de cachorro de Moose.

Fim da tarde de terça-feira: As coisas não estão mais melhorando. Na verdade, elas estão piorando.

No caminho para me encontrar com minha mãe na diretoria, fui parado pelo Sr. Radonski, um antigo valentão de escola que encontrou o trabalho perfeito – professor de educação física.

— JACKSON! — Ele nunca usa primeiros nomes.

— Sim, Sr. Radonski?

— Se eu pegar você MAIS UMA VEZ com o short de educação física errado, você vai fazer flexões até sangrar.

— É bom saber, Mr. Radonski.

— JACKSON!!!

— Sim, Sr. Radonski?

— Pare de ser um SABICHÃO.

— Eu vou parar de ser um sabichão se você parar de usar palavras como *sabichão*. (Eu não disse isso, mas é o que eu queria dizer.)

Ele finalmente me liberou e eu peguei o meu trabalho com minha mãe. Em seguida, fui imediatamente para o banheiro masculino, onde joguei fora a terceira, a quarta e a quinta página, guardando as duas primeiras.

Fui par a sala de aula da Sra. Ferrell, onde a encontrei chorando ao telefone.

Ela me vê e desliga.

— Ah, Charlie Joe. O estômago de Misty está inchado e eu não tenho certeza do que vai acontecer. — Misty é sua amada cadela dogue alemã; há fotos dela em toda a sala de aula.

— Um estômago inchado? É grave?

Ela enxugou os olhos com um lenço.

— Pode ser.

No meio de toda a minha compaixão, vi uma abertura.

— Talvez nós devêssemos fazer isso em outra hora.

— Não, vamos fazer isso agora — ela fungou. — Isso vai me ajudar a tirar a minha mente do assunto. Me mostre o que você fez.

Entreguei a ela minhas duas páginas.

— Se você não se importa que eu pergunte, Sra. Ferrell, por que você quer ver o meu trabalho antes do de todo mundo?

Ela enxugou os olhos e olhou para mim pelo que pareceu seis dias.

— Porque, Charlie Joe, por algum motivo louco, eu gosto de você. Eu quero que você se saia bem. Eu quero que você faça coisas ótimas, mas por alguma razão parece que você quer fazer apenas coisas mais ou menos. Nada mais, nada menos. Você parece não ter ideia de quão inteligente você é, quão — e aqui ela usou aquele tom de voz que os adultos usam para fazer você se sentir mais culpado do que nunca — *especial.*

Ela sentou-se na sua cadeira com um suspiro.

— Se uma professora pode fazer um aluno como você atingir o seu potencial, ela pode se aposentar feliz.

— suspirou novamente. — Então eu decidi fazer de você o meu projeto.

Na medida em que revisávamos minhas duas páginas, palavra por palavra, pela próxima hora, eu percebi que, afinal, a Sra. Ferrell é uma professora muito boa. Quando ela recebeu outra ligação do veterinário dizendo que Misty ia ficar bem, desde que ela tome cuidado com o que sua cadela come, a próxima coisa que vi foi a Sra. Ferrell ficar tão animada e voar pela porta sem sequer dizer tchau.

Eu posso ser seu projeto de estimação, mas eu certamente não sou seu dogue alemão.

33

Quarta-feira: Supliquei para ter meu telefone celular de volta. Papai riu. Eu supliquei mais alto. Ele riu mais.

Quinta-feira: Dois *professores* me perguntaram se eu estou sabendo de Timmy e Hannah. Será que eles não têm nada melhor para fazer?

Sexta-feira: Coco comeu algo ruim e fez cocô na sala de televisão. Eu fui eleito para limpar. Entreguei o meu trabalho. Os dois eventos não estão relacionados.

Fim de semana: De castigo, sem telefone, sem internet, sem televisão, sem vida. Está tão silencioso e entediante que eu não podia apenas ouvir a grama crescer, eu podia ouvi-la reclamando que não estava sendo regada o suficiente. Desenvolvi um novo respeito pelos Amish.[*] (Você conhece os Amish, certo? Eles vivem na Pensilvânia, um estado na Costa Leste dos Estados Unidos, e se negam a ter necessidades básicas como carros, eletricidade e Game Boy.)

Quarenta e oito horas mais parecem quarenta e oito dias.

* Amish é um grupo religioso cristão conhecido por seus costumes conservadores e por manterem um estilo de vida conservador, sem utilizar qualquer tipo de equipamento eletrônico, incluindo carros (N.T.).

34

As coisas finalmente começaram a melhorar de novo na segunda-feira.

O *acordo de Billy* tinha ficado para trás. Eu usei o short certo para a aula de educação física. A Sra. Ferrell estava de ótimo humor porque sua cadela Misty estava bem, pronta para comer novamente até mesmo um país pequeno.

E Hannah tinha uma espinha minúscula na testa.

Talvez os deuses estivessem sorrindo para mim, afinal.

No lanche, procurei por Timmy. Eu estava sentindo que era hora de um novo começo e decidi deixar o passado no passado. Eu queria ser o melhor homem.

Afinal, Timmy era um dos meus amigos mais antigos, e o que é um pequeno me-entregar-para-sua-mãe-enquanto-me-apunhala-no-coração entre amigos?

***

Timmy tinha ido longe desde que conquistou sua nova namorada, então não seria fácil eu me inserir no seu grupo.

Acredito que a expressão para o que ele estava fazendo é "ser o centro das atenções" – contando aos seus novos admiradores pela milésima vez sobre o momento emocionante e desesperador quando ele finalmente criou coragem para pedir Hannah em namoro, nunca esperando que ela dissesse SIM!

Quando ele chegou ao fim dessa história tão inspiradora, seus novos melhores amigos praticamente o aplaudiram em reconhecimento.

Eu senti uma súbita vontade de vomitar.

Talvez eu não quisesse ser o melhor homem no fim das contas. Talvez eu quisesse ser o pior homem. Mas eu respirei fundo e me sentei.

Timmy me viu sentando e me chamou, como se ele fosse o novo imperador e eu fosse algum cara do regime anterior que estava indo comer uma última refeição deliciosa antes de ser executado.

— Ei, ei, ei, se não é Charlie Joe!

Os novos melhores amigos de Timmy riram como se ele fosse o próprio Dr. Seuss.*

Entreguei um sorvete a ele.

— Aqui.

Ele parecia um pouco confuso.

— O que é isso?

* Dr. Seuss foi um famoso escritor e cartunista norte-americano (N.T.).

— Uma oferta de paz.

Uma reviravolta chocante! Os colegas de Timmy de repente olharam para mim com algo que se aproximava do respeito. Talvez, em boa consciência, eles não fossem capazes de me executar no fim das contas. Eu acho que existe algo em fazer a coisa certa que acalma a besta selvagem que existe em todos nós.

Timmy rapidamente percebeu que ele não tinha escolha a não ser aceitar o presente com o mesmo espírito em que lhe foi dado.

— Hum, obrigado — ele disse, eloquentemente.

— De nada — eu disse, de igual maneira.

***

Nós apertamos as mãos e enquanto ele desembrulhava delicadamente o sorvete, eu me inclinei e sussurrei:

— Depois que deixarmos um pouco de tempo passar e as coisas voltarem ao normal, não há razão nenhuma para não retomarmos nosso pequeno acordo.

Timmy olhou para mim como se eu tivesse acabado de quebrar seu taco de lacrosse.

— Você está louco? — ele sussurrou. — Você quer passar o resto da sua vida na escola militar? Eu não.

Oh-oh. O velho acordo estava oficialmente morto. O que significava que eu teria que inventar um novo plano mais cedo ou mais tarde.

O artigo opinativo estava chegando.

35

Está quase na hora do intervalo. Tragam a banda marcial.

(Eu já disse a você que Hannah é uma ótima baliza de banda? Ela é simplesmente incrível.)

Parte Três

SE NO COMEÇO VOCÊ JÁ NÃO LIA, NÃO TENTE COMEÇAR AGORA

36

Antes de começarmos a próxima parte da nossa história, seria bom explicar exatamente de onde vem meu amor tão profundo por não ler.

Saber isso vai ajudar a explicar muita coisa.

Então vou voltar a uma experiência de leitura muito específica e traumática que tive quando era criança.

Vou contar tudo a você no próximo capítulo.

37

Eu acho que era meu sexto aniversário. (Eu tentei bloquear essa memória, então alguns dos detalhes são vagos.)

Meu pai, que leu mais ou menos um *zilhão* de livros – no meu caso, a farinha não só veio de um saco diferente, ela veio de outro supermercado, em outro país –, de alguma forma colocou na cabeça que eu seria o próximo grande escritor americano.

Provavelmente isso tivesse algo a ver com o fato de que ele próprio queria ser escritor, mas acabou sendo um advogado.

— Ei, pelo menos eu posso escrever petições — ele diz às vezes, embora eu não tenha muita certeza do que sejam petições. De qualquer forma, ele tinha certeza absoluta de que eu tinha todos os ingredientes para ser um escritor nato. Eu só precisava de um empurrãozinho para despertar o meu talento e dar asas à minha imaginação. E então, cuidado! Todos aqueles garotos bruxos e vampiros com abdomens definidos acabariam morrendo de medo, correndo para as montanhas.

Mas de acordo com o plano infalível de papai, antes de eu me tornar o próximo grande escritor americano, eu tinha que me tornar o próximo grande leitor americano.

E eu era um garoto normal de quase seis anos de idade. Eu havia passado cerca de onze meses me preparando para o meu aniversário, incluindo uma tentativa frustrada de fazer com que as pessoas me dessem presentes antes do meu aniversário. Até que finalmente o grande dia chegou.

Dizer que eu estava animado é como dizer que Einstein sabia somar.

Eu, sonhando com camas elásticas e tacos de beisebol, comecei a correr pela casa gritando:

— É meu aniversário! É meu aniversário! É meu aniversário!

De repente, meu pai entra pela porta cheio de pacotes.

É o meu aniversário!

Enquanto eu corria até ele, milhares de presentes caíam dos sacos. Então comecei a rasgar a embalagem de um e meu pai diz:

— Ainda não, Charlie Joe! Vamos reunir toda a família.

Você pode praticamente adivinhar o resto.

Na frente de toda a minha família, incluindo Moose (nós ainda não tínhamos Coco), eu continuei a rasgar a embalagem de livro após livro após livro – todas as obras de Mark Twain, todas as obras de Roald Dahl e todas as obras de Matt Christopher.

Agora, nada contra esses caras, mas até onde eu sei nenhum deles já jogou nas ligas principais de beisebol. Ou construiu uma cama elástica.

Ou pelo menos possuiu uma cama elástica.

Depois de abrir o último livro, eu fiz o que qualquer garoto de respeito, que tenha recém-completado seis anos de idade, teria feito.

Eu comecei a chorar e corri para o meu quarto.

Até hoje, sempre que ouço o nome Mark Twain, eu explodo em lágrimas e corro para o meu quarto.

38

Obs.: Devo esclarecer. Quando eu disse "experiência traumática de leitura", deveria ter dito "experiência traumática de quase leitura".

Eu acredito que dizer "experiência traumática de leitura" é o que eles chamam de ser *redundante*.

39

Então, onde estávamos?

Durante o mês seguinte, muita coisa aconteceu.

Timmy e Hannah acabaram o namoro exatamente depois de nove dias (Obrigado, Katie "Nunca Erra" Friedman). Parece que Hannah, boazinha como ela é, namorou com Timmy para ajudá-lo a recuperar sua imagem depois do episódio Eliza/lacrosse. Eu acho que ela percebeu que depois de nove dias, a reputação dele estava totalmente restaurada.

Como resultado direto do fim do namoro deles, eu percebi que não sentia mais tanto aquele vazio no meu estômago/pulmões/fígado/área do coração.

Eliza, por sua vez, agora estava namorando com Ricky Summers, cujo longo, espetacular cabelo loiro de alguma forma compensava o fato de que ele nasceu sem personalidade.

E Katie ainda era minha melhor amiga não oficial, mesmo que ela estivesse ficando um pouco mais estranha a cada dia. Primeiro, ela fez um comentário aleatório sobre se tornar uma freira – muito duvidoso, considerando que ela é judia –, o que depois ela admitiu que era apenas sua forma de dizer que não havia nenhum homem bom no mundo. Então, ela anunciou que com a psicoterapia certa, até o cara mais disfuncional e sem noção poderia ser transformado no namorado perfeito, e que ela seria a garota certa para fazer isso.

Jake Katz descobriu um website onde uma mulher lê um livro inteiro diferente a cada dia durante um ano, e decidiu que um dia ele queria fazer isso. (Me mate agora.)

A Sra. Ferrell trouxe Misty para a aula no dia de trazer nosso animal de estimação para a escola, o que, aparentemente, só valia para ela. Ela começou a comer o quadro branco. (Misty, não a Sra. Ferrell.)

Quanto a mim, eu tirei oito no meu trabalho sobre *O acordo de Billy*. (O comentário da Sra. Ferrell no fim: "É um começo".)

Eu recebi meu telefone celular de volta.

Eu recebi meu computador de volta.

Eu recebi minha sorte de volta.

É sempre um pouco arriscado quando eu recebo minha sorte de volta.

Dica nº 16 de Charlie Joe

ESPORTES SÃO TÃO EDUCATIVOS QUANTO A LEITURA.

Pense nisso, há toneladas de lições importantes que você pode aprender no campo do jogo:

1. *Manter a contagem dos pontos (matemática).*
2. *Fazer parte de uma equipe (estudos sociais).*
3. *Aprender a arremessar uma bola curva (física).*
4. *Ão, ão, ão, nosso time é campeão (poesia).*
5. *Saber sua média de rebatidas, sua porcentagem de conclusão e sua porcentagem de arremessos (estatística, que aparentemente é um tipo de matemática).*

40

Mais ou menos uma semana depois, em uma manhã de primavera particularmente agradável, eu e minha sorte nos encontrávamos no monte do arremessador num jogo do meu time de beisebol. Nós erámos bons, não ótimos – todos os jogadores de elite tinham sido arrebatados por programas de beisebol extravagantes, ridiculamente caros e "estreantes" que duravam o ano inteiro. (Nos esportes escolares dos dias de hoje, os melhores atletas praticam o mesmo esporte durante o ano inteiro, quase como profissionais. É uma loucura.) Mas a grama estava verde, o céu azul, as bases estavam brancas e era um bom dia para jogar bola.

Meus pais estavam lá e, claro, eles tinham levado os cachorros. (Moose e Coco eram grandes fãs de beisebol, principalmente por causa dos pedaços de cachorro-quente que caiam no chão.)

Era nossa vez de jogar, 4x3, indo para a última jogada. Eu estava canalizando meu Mariano Rivera* interior, tentando arremessar a coisa para longe por meu time, mas

* Mariano Rivera é um famoso jogador de beisebol que joga na posição de arremessador (N.T.).

depois de dois "foras"* rápidos, eu coloquei o rebatedor de número nove deles, Jeff Kleiner, que não tinha tirado o taco do ombro durante toda a temporada, para fora. (Eu sempre coloco esses caras para fora, por algum motivo. Você sabe como o treinador sempre diz "Lance a bola, não mire?". É mais fácil dizer do que fazer.)

Então, lá vem o rebatedor principal deles, um garoto baixo mas incrivelmente rápido chamado Andrew.

— Faça ele rebater para fora! — meu pai gritou.

— Rebata para ele sair — o pai dele gritou.

— Se acalmem antes que nós chutemos os dois para fora — as duas mães sussurraram.

Eu, em pé no monte, tentando olhar para Andrew, logo começo a pensar na glória. OK, tudo bem, não glória de um "time de estreia", mas a boa e sólida glória do time principal. Começo a pensar em quanto eu gostaria de fazer esse garoto rebater para fora e em como eu daria qualquer coisa para ser capaz de fazê-lo.

De repente, alguma coisa despertou em algum lugar distante da minha cabeça. Quem foi que disse que daria qualquer coisa para ganhar seu jogo de beisebol? Alguém que eu conheço, algum outro lançador... mas eu não conseguia me lembrar quem era.

Eu estou girando a bola de beisebol na minha mão,

* No beisebol, o "fora" acontece quando o arremessador consegue três *strikes*, ou seja, três arremessos de bola que o rebatedor não conseguiu acertar, contra um rebatedor (N.T.).

olhando para o pequeno e rápido Andrew, quando de repente me ocorre.

Eu percebo que a pessoa de quem estou tentando me lembrar é Billy.

Isso mesmo. O Billy de O *acordo de Billy*.

Caramba.

***

Uau. OK. Então ISSO era se identificar com um personagem de um livro.

Era verdade. Eu comecei a pensar em Billy como se ele fosse uma pessoa real. O que Billy faria nessa situação? Será que ele teria a confiança para conseguir esse "fora" final? Ou todas as suas dúvidas e medos voltariam para assombrá-lo e fazer com que ele ficasse travado?

Será que Billy seria o herói e seria carregado para fora do campo nos ombros de seus companheiros de equipe, ou ele seria o trouxa e acabaria sozinho na loja de conveniências, afogando suas mágoas em um copo extragrande de refrigerante?

Então eu me lembrei da conversa com a minha irmã, quando ela previu que isso iria acontecer exatamente dessa forma. Droga! Por que pessoas como minha irmã e Katie sempre têm que estar tão certas o tempo todo?

Lembre-se, eu só tinha lido o primeiro e o último capítulo, mas de repente eu estava agindo como um... espere só... *leitor.* Eu estava pensando sobre o livro e, indo direto ao ponto, estava lembrando do que acontecia nele e – meu coração afundou – eu me *importava* com o que tinha acontecido.

O que estava acontecendo comigo?

Eu não vou mentir; eu estava com medo.

Eu estremeci e então voltei à realidade. Eu ainda tinha que lidar com Andrew. Depois de rejeitar a sugestão do receptor de fazer um *knuckleball** e uma curva – principalmente porque, como nós dois sabíamos, eu não sabia arremessar nenhum deles –, eu me decidi e disparei a minha melhor bola rápida.

* *Knuckleball* é uma jogada de beisebol, utilizado para minimizar a rotação da esfera no voo da bola (N.T.).

"THWACK!"

Andrew rebateu a bola de forma que parecia que ela estava indo para a abertura no campo central direito – com a velocidade dele, um verdadeiro *home run** dentro--do-parque, ganhador-de-jogo.

Mas espere! Lá, do nada, vem um borrão. Não é ninguém menos do que o jogador de direita e leitor implacável Jake Katz, que de alguma forma conseguiu parar de sonhar com livros por tempo suficiente para correr para a bola... ajustar os óculos... procurar por ela... e fazer um mergulho incrível e salvador-de-jogo para pegar a bola!

Minha nossa!!!

Não é preciso dizer que foi Jake quem teve seu momento O *acordo de Billy*. Ele foi carregado para fora do campo, não eu. Eu não era nem o herói nem o trouxa.

Eu só era um garoto sortudo que tinha se esquivado de duas balas: o beisebol e o livro.

* No beisebol, um *home run* é uma rebatida de bola na qual o rebatedor é capaz de circular todas as bases do campo antes de os jogadores do time adversário conseguirem pegar a bola (N.T.).

Dica nº 17 de Charlie Joe

LER DEIXA VOCÊ CEGO.

Me mostre alguém que só tira notas altas e eu vou lhe mostrar que ele usa óculos.

Não, é sério. Talvez não em 100% das vezes, mas definitivamente pelo menos em 90% as pessoas inteligentes são aquelas com visão ruim.

A razão? Simples. Muitas palavras pequenas em uma página.

Você não precisa ser um oftalmologista para saber que uma pessoa que usa muito os olhos vai gastá-los mais rápido do que alguém que usa os olhos para atividades menos desafiadoras – digamos, por exemplo, para fechá-los durante a aula de ciências.

Acredite em mim, que tenho a visão perfeita. Se você não quer ser chamado de "quatro olhos", esqueça os livros.

41

Enquanto isso, faltavam apenas seis semanas para o fim do ano letivo.

O que significava uma coisa: as temidas duas palavras que nenhuma criança na minha escola jamais quer ouvir.

Artigo opinativo.

O artigo opinativo é a maneira que Deus tem de dizer: "Antes de você poder desfrutar os frutos do verão, você vai ter que sofrer com um trabalho de casa sério".

Basicamente, ele envolve escolher um tema – pena de morte, por exemplo, ou obesidade infantil, ou o fumo em filmes –, fazer muita pesquisa (o que envolve ler muitos LIVROS) e apresentar um trabalho de seis páginas EM VOZ ALTA, NA SALA DE AULA, para TODOS OS PROFESSORES DO DEPARTAMENTO DE INGLÊS.

Eu sei, eu sei. Falando em pena de morte...

Era óbvio que meu "momento O *acordo de Billy*" no monte do arremessador, somado à condenação iminente do artigo opinativo, fez com que a situação se tornasse crítica.

Então, naturalmente, na noite anterior ao prazo para escolher um tema, eu fui ao quarto de Megan, me deitei na cama dela com seus bichos de pelúcia (o que é que meninas têm com bichos de pelúcia?), e implorei por ajuda.

— Eu te avisei sobre o artigo opinativo — foi a primeira coisa que ela disse. — Você não me ouviu.

Ela não ajudou muito quando me disse que escrever o artigo opinativo dela foi a coisa mais difícil que já teve que fazer na sua vida – ganhando da outra coisa mais difícil que ela já teve que fazer na vida, que envolvia dizer ao ligeiramente louco capitão do time de futebol americano da escola, que pesava quase 120 kg, que apesar de ele ter dirigido por todo o gramado do jardim da nossa casa para provar seu amor, ela *ainda* não queria namorar com ele.

Enquanto eu estava sentado lá, jogando um de seus ursos de pelúcia para cima e para baixo e ficando mais e mais nervoso, eu contei para ela sobre o episódio assustador de O *acordo de Billy* que eu havia passado no campo de beisebol.

Tudo o que ela disse foi:

— Jake Katz salvou o jogo? Isso é incrível!

Então eu notei um livro em cima da mesa dela: *Grupos e Cliques Duplos*.

Por mais que eu não gostasse de livros, eu tinha que admitir que aquele era um título muito interessante.

— Sobre o que é aquele livro? — eu perguntei à Megan.

Ela o jogou para mim.

— Leia e descubra.

— Não, sério.

Ela o pegou de volta.

— Na verdade, é um livro muito legal sobre como panelinhas são ruins para as crianças, como elas são uma epidemia na escola, e como a internet só está tornando mais difícil para professores e orientadores lidarem com elas. — Ela abriu seu computador portátil. — Eu estou escrevendo um trabalho sobre isso.

Normalmente, conversas sobre livros e trabalhos são a minha deixa para ir embora, mas de repente uma lâmpada acendeu na minha cabeça.

Grupos. Garotos. Meninas.

Espere um minuto.

De repente, um plano lindo, perfeito, completamente formado se materializou no meu cérebro.

— Já sei! — eu gritei, jogando o urso de pelúcia de Megan na cama com tanta força que ele derrubou a girafa, a tartaruga e dois dos pequenos pinguins dela.

42

No dia seguinte, encontrei Timmy no corredor da escola conversando com dois garotos que tinham decidido continuar sendo amigos dele mesmo depois de Hannah ter terminado o namoro. (Eles provavelmente acharam que ela poderia mudar de ideia e eles queriam estar lá quando ele voltasse com ela.)

Eu o chamei:

— Timmy, você tem um segundo?

— Claro.

Eu o puxei para uma sala de aula vazia para que ninguém mais pudesse nos ouvir.

— Eu quero falar uma coisa com você.

— O quê?

Isso não ia ser fácil, mas eu tinha que ser direto com Timmy porque precisava dele ao meu lado.

— Nós todos sabemos que você namorou com Hannah para se vingar de mim.

Timmy ficou ofendido.

— Isso é loucura!

— E que Hannah namorou com você porque ela se sentia mal por você – eu acrescentei.

Desta vez, Timmy apenas olhou para os sapatos dele.

— Você sabe que é verdade — eu insisti. — É assim que ela funciona. Ela não é como o resto de nós. Ela gosta de fazer coisas boas e não se importa com o que as outras pessoas pensam.

Timmy pensou um pouco. Ele era um garoto muito benquisto, mas ele sabia que realmente não estava no nível de Hannah. Um sentimento que eu conhecia muito bem.

— Vamos lá, é isso que é tão bom nela — acrescentei.

Timmy suspirou e não teve que dizer mais nada. Eu sabia que ele não estava disposto a discutir comigo.

— Então, onde você quer chegar? — ele disse.

— Eu vou fazer Jake e Hannah ficarem juntos.

Você conhece a expressão "seus olhos saltaram para fora das órbitas"? Eu sempre achei que era um exagero ridículo até ver Timmy naquele momento.

— De jeito nenhum.

— Sim, senhor.

— De jeito NENHUM!!!

— Sim, senhor.

Timmy respirou fundo. Ele havia tido um ano de altos e baixos, não há dúvidas sobre isso – tinha sido rei da montanha em um segundo e voltado a ser uma pessoa normal no próximo –, essa montanha-russa provavelmente havia sido mais intensa do que ele podia aguentar.

— Por quê? Jake te pediu para fazer isso? Só porque ela namorou comigo, de repente todo cara acha que tem uma chance?

Foi a minha vez de respirar fundo.

— Na verdade, a ideia foi minha.

Timmy ficou sem palavras por mais ou menos um segundo e meio. Então ele disse a única coisa lógica:

— Por quê?

— Porque meu artigo opinativo vai ser sobre o porquê panelinhas são ruins para crianças. E se eu conseguir fazer os dois namorarem, isso iria provar que duas pessoas de mundos totalmente diferentes podem ignorar a pressão social e namorar — expliquei. (Na verdade, Hannah seria a única que sentiria a pressão social. Jake não sentiria nada além de palmadinhas nas costas de seus amigos impressionados e maravilhados.)

— Mas ela não está namorando com James? — Timmy perguntou, tentando criar falhas no meu plano.

Ela estava, de fato. O próprio James era um destruidor de panelinhas, uma dessas aberrações da natureza que conseguem fazer parte do clube de teatro e praticar esportes, e de alguma forma fazer tudo funcionar. As meninas AMAVAM ele.

James e Hannah estavam namorando por mais ou menos duas semanas, muito mais do que a data de validade de nove dias de Katie Friedman, mas havia boatos de que eles estavam passando por maus bocados.

— Aquilo não vai durar, confie em mim — eu disse.

Ele me olhou com desconfiança, como se soubesse que eu estava tramando algo.

— Parece que você está deixando algo de fora — ele disse.

Eu conhecia Timmy há muito tempo. Nós tínhamos passado por muita coisa juntos.

Baixei minha voz:

— Bom, aqui vai. Você sabe o acordo que nós tínhamos?

Timmy molhou os lábios, claramente pensando sobre sorvetes grátis.

— Sim?

— Bem, desde que nós fomos pegos, eu estou tentando inventar um novo plano.

De repente, ele percebeu onde eu estava indo e começou a balançar a cabeça em descrença. Eu fingi não perceber.

— Bom, de qualquer forma — continuei —, eu imaginei que Jake ficaria tão feliz por namorar com Hannah que ele não se importaria de me fazer um pequeno favor.

Timmy já sabia a resposta para a pergunta que ele ia me fazer, mas perguntou mesmo assim.

— Qual favor?

— Ler todos os meus livros para o artigo opinativo.

Timmy não disse nada, então preenchi o silêncio.

— E aí? O que você acha? Impressionante, não é?

Timmy assobiou.

— Então me deixa entender isso direito — ele disse —, a garota pela qual você é apaixonado desde o jardim de infância, a garota que te deixou com tanto ciúmes quando eu namorei com ela, que te tirou o sono por duas semanas, a garota com quem você planeja se casar um dia, ela concordando ou não... você vai fazer ela ficar com Jake Katz só para você não ter que ler alguns livros?

Nossa, ele tinha que falar dessa maneira?

— Sim — eu disse.

Ele riu e coçou a cabeça. De repente, me perguntei o que eu faria se ele me dissesse que era uma ideia terrível.

Mas Timmy não achava que era uma ideia terrível. Na verdade, ele próprio tinha uma boa ideia.

— Em vez de manter segredo sobre isso, por que você não diz a eles dois que você está fazendo isso para o seu artigo? Dessa forma, eles poderiam se tornar parte do experimento e provavelmente iriam se envolver muito com ele — Timmy disse.

Eu pisquei.

— Você acha?

Timmy concordou.

— Definitivamente. Hannah adora surpreender as pessoas. Como você disse, ela não é como o resto de nós. Eu descobri isso no início do nosso relacionamento.

Me ocorreu que Timmy usar a palavra *relacionamento* para descrever o curto momento que eles tiveram juntos era um pouco demais, mas para que trazer isso à tona quando ele estava me apoiando tanto?

— Eu não chamaria aquilo de relacionamento — eu disse.

Às vezes, um cara não consegue se segurar.

Dica nº 18 de Charlie Joe

SE VOCÊ TIVER QUE LER, LEIA SOBRE MENINAS. ISSO AJUDA A ENTENDÊ-LAS MELHOR.

Nós todos sabemos quão dolorosa pode ser a leitura. Portanto, se você tem que ler, pelo menos certifique-se de aprender algo com a leitura.

E aprender a lidar com meninas é importante.

Portanto, você só deve ler livros com muitas meninas neles. É uma ótima forma de aprender sobre essas criaturas misteriosas e fascinantes.

(Devo mencionar que esta dica é principalmente para garotos. Acho que para meninas o inverso é verdadeiro, mas não sei.)

43

Katie Friedman nunca tinha se preocupado em ser popular, contanto que ela fosse popular.

Ou seja, ela não se preocupava em estar entre as pessoas populares porque ela não tinha a personalidade típica de alguém popular. Mas gente de todo o tipo gostava de Katie porque ela sempre compreendia bem o comportamento das pessoas, era generosa e não muito crítica. (Agora que eu estou pensando nisso, ela provavelmente *vai* ser uma boa terapeuta um dia.)

No entanto, ela tinha um grupo de amigos com os quais ela se importava profundamente, um grupo de espertinhos que compartilhavam os mesmos interesses – ou, na verdade, uma completa falta de interesse em qualquer coisa que as outras pessoas estivessem interessadas e um fascínio por coisas que ninguém sequer sabia que existia.

No dia depois da minha conversa com Timmy, eu encontrei Katie e seus amigos no meio de uma grande discussão sobre por que o elenco original da produção da Broadway *Chicago*, de 1975, estrelado por Gwen Verdon e Chita Rivera, era bem melhor do que o elenco original da produção *Chicago* de 1996, estrelando Bebe Neuwirth e

Anne Reinking, apesar da segunda montagem ter tido muito mais sucesso do que a original.

A única razão para eu saber disso em um nível tão assustadoramente detalhado era porque eu tinha ouvido esse mesmo debate mais ou menos sete mil vezes. Não era uma informação que eu ou qualquer outro garoto no ensino fundamental deveria precisar ou querer ter.

Eu sabia que Chicago era onde os Cubs* jogavam e, pessoalmente, isso era bom o suficiente para mim.

E foi por isso que eu não me senti nem um pouco culpado por interromper a discussão bruscamente.

— Katie, eu preciso falar com você. AGORA!

Katie ergueu os olhos de seu chá gelado – uma bebida que alunos do ensino fundamental tomam para parecer com alunos do ensino médio e alunos do ensino médio tomam para parecer com alunos da faculdade – e, como de costume, fez de mim sua prioridade.

Ela poderia dar aulas de como ser uma boa amiga.

— Por aqui — ela disse, andando para a Zona Proibida. (Nos velhos tempos, quando nossa escola era uma escola de ensino médio, a Zona Proibida era a seção de fumantes do refeitório. Ela ainda tinha um quê de desobediência e medo, então ninguém nunca sentava lá.) Ela puxou uma cadeira e pediu que eu me sentasse na outra.

* Os Cubs, ou Chicago Cubs, é um time de beisebol profissional originário da cidade de Chicago, nos Estados Unidos (N.T.).

— Em que tipo de problema o meu malandro favorito se meteu agora?

Eu não tinha certeza do que ela queria dizer por *malandro*, mas como a palavra "favorito" veio em seguida, deixei passar.

— Problema nenhum.

Ela riu.

— Você não vem até mim a menos que tenha algum problema ou esteja tramando um plano. Então coloque para fora.

Eu sorri.

— Certo. Como eu disse, problema nenhum.

Um olhar horrorizado atravessou seu rosto.

— Ah, Deus. Isso não é hora para uma de suas conspirações. Você tem que ficar bem e respeitar as regras por um tempo, lembra?

Eu já mencionei que Katie era a única pessoa no mundo que sabia absolutamente tudo sobre mim? Que eu chupei o dedo até os sete anos, que eu tive medo do escuro até os nove anos, que eu era medroso demais para dormir na casa de outra pessoa até, bem, agora, e que Timmy e eu tivemos nosso acordo de livro-por-sorvete por dois anos até ele arruinar tudo com a coisa toda de me-dedurar-e--depois-namorar-Hannah?

Katie sabia de tudo isso. Ela até sabia que a mera menção de Mark Twain podia me levar às lágrimas.

Então, obviamente, ela sabia o que estava dizendo quando me disse que eu deveria parar o que eu estava prestes a começar.

Acontece que, como de costume, eu não estava prestando atenção.

— Então, eu quero juntar Jake Katz e Hannah. Você acha que ela vai topar? Ela gosta de chocar as pessoas, não é?

Ela olhou para mim.

— Quão sem noção é você? — ela perguntou. — Você não se lembra do que aconteceu quando você falou com Eliza sobre Timmy?

— Isso é diferente — eu disse.

— Diferente como? — ela perguntou.

— Não se preocupe, eu vou explicar mais tarde — continuei.

Katie suspirou. Ela olhou para mim como se estivesse à beira de um barranco, me olhando na água lá embaixo, sem conseguir decidir se pula ou não.

— Eu não quero saber — ela disse, finalmente.

Eu expirei enquanto falava:

— Minha pergunta é: você acha que eu preciso dar alguma coisa à Hannah para que ela tope? Tipo, o que você acha que eu preciso fazer para que ela participe do plano?

Katie pensou por mais ou menos oito segundos.

— Ela adora os Beatles, não é? Se você quiser garantir que ela faça parte da sua trama, dê a ela um de seus bibelôs legais dos Beatles. Isso deve ser o suficiente — disse ela.

Sem perguntas. Sem julgamentos. Apenas a resposta certa.

Eu a abracei e enquanto ela caminhava de volta para seus amigos, ela me olhou e disse:

— Só tenha cuidado.

É por isso que Katie Friedman é incrível.

***

Mas e a outra parte? A parte do "eu vou explicar mais tarde", sobre eu fazer com que Jake lesse meus livros?

Eu nunca expliquei aquilo para Katie.

E ela não descobriu até que fosse tarde demais.

44

No dia seguinte, na hora do lanche, Hannah Spivero estava comendo o último dos três pudins de chocolate que ela comia todos os dias na sobremesa (eu disse que ela era perfeita). Me sentei ao lado dela e fui direto ao ponto.

— Você e James terminaram, certo?

Ela riu.

— Sim. Ele é incrível, mas não deu certo. — Eu não tinha certeza de como aquilo fazia sentido, mas eu não tinha tempo para analisar.

— Você gosta de alguém?

— Não no momento. Por quê, você está interessado? — ela disse.

Eu sei, isso parece maldoso, porque é claro que ela sabia que eu estava interessado, mas eu não estava. Nós sempre jogávamos esse jogo bobo onde ela flertava comigo e eu nunca tinha coragem de flertar de volta.

Mas desta vez, era diferente. Não era hora para jogos. Eu disse:

— Preciso que você faça algo por mim.

Ela colocou seu pudim na mesa.

Essa era uma parte de mim que ela nunca tinha visto antes. Todo negócios. Rápido e sério. Controlador até. Absolutamente nenhum traço de patético.

— O que é, tio Charlie?

Normalmente, eu não gostava quando as pessoas colocavam apelidos em mim, como "Chaz" ou "Chuck", ou "Chuckles" ou "C.J." Por que eu não podia ser simplesmente "Charlie Joe"? Mas quando Hannah inventou "tio Charlie", parecia o apelido mais natural do mundo. Quase como música. O mais...

Droga, eu estava me distraindo novamente.

Eu peguei a mão dela. (É incrível quão corajoso um homem desesperado pode ser.)

— Eu acho que você deveria namorar com Jake Katz.

Os olhos dela se estreitaram em confusão. Eu a estava deixando confusa! Esse definitivamente era um benefício a mais do meu plano. Fazer com que Hannah sentisse qualquer tipo de emoção podia definitivamente ser considerado um triunfo.

— Por que eu faria isso? — ela perguntou.

— Porque se fizer, você vai ter meu amor eterno — respondi olhando profundamente em seus olhos brilhantes.

— Eu já tenho isso — ela respondeu de volta, como se fosse a coisa mais óbvia do mundo. O que era.

Eu me lembrei da sugestão de Katie, e por mais que doesse em mim, era a única maneira. Hannah Spivero tinha quebrado meu coração por tempo suficiente; era hora de eu quebrar meu próprio coração.

Suspirei.

— OK, ouça. Se você fizer isso por mim, eu te dou minha capa original do LP dos *Ontem e Hoje* dos Beatles, aquela dos "bebês mortos". Item de colecionador, edição limitada — eu disse, com tristeza.

Apenas uma explicação rápida: uma vez, os Beatles lançaram um álbum onde a capa foi uma foto deles segurando um monte de pedaços ensanguentados de bebês, que ficou conhecido como a capa dos "bebês mortos". Mesmo que os bebês fossem claramente falsos, como bonecas, as pessoas ainda ficaram totalmente enojadas e os Beatles tiveram que mudar a capa imediatamente. Consequentemente, quase não existiam capas originais impressas, mas eu era sortudo o suficiente para ter uma – um presente de aniversário do meu pai (que ainda estava tentando me compensar pelo desastre de Mark Twain).

O fato de Hannah amar os Beatles tanto quanto eu era mais um fator que fazia dela ainda mais maravilhosa, e com certeza ela iria adorar ter essa capa de álbum *quase tanto* quanto eu adorava.

— Uau. Você realmente faria isso apenas para fazer as pessoas pensarem que eu gosto de Jake Katz? Eu não entendo. Eu não tenho interesse em namorar Jake Katz, então por que eu concordaria, de repente, em namorar com ele? Ninguém iria acreditar nisso de qualquer maneira. — Ela piscou. — É quase tão louco quanto as pessoas pensarem que eu de repente estou apaixonada por *você*.

Ai. Essa foi um tiro no estômago.

45

Eu continuei batalhando corajosamente, me lembrando silenciosamente que um homem verdadeiramente grande continua lutando mesmo quando as probabilidades estão contra ele.

— Isso não é necessariamente verdade. Quero dizer, eu sei, claro, todo mundo sabe que eu sempre meio que tive uma coisa por você. (Meio que tive uma coisa? Quem eu estava querendo enganar?) Mas é possível que outras pessoas pensem que, talvez no fundo, você poderia gostar de alguém como eu. Ou Jake.

Ela riu e de repente eu senti a necessidade de recuar um pouco.

— Eu não estou dizendo que é verdade, nem um pouco, mas não é que seja impossível, certo?

Hannah olhou para mim como se estivesse olhando para o futuro, como se estivesse pensando: "Bem, Deus sabe que eu não gosto desse cachorrinho lambendo as patas bem na minha frente, mas não é impossível no reino da existência humana que talvez, um dia, no futuro, eu possa achá-lo razoavelmente atraente".

— Acho que não — ela finalmente admitiu, me devolvendo um pequeno pedaço da minha dignidade.

De repente, eu me lembrei do conselho de Timmy de ser honesto sobre a razão.

— Eu fico feliz que nós tenhamos tirado isso do caminho — anunciei. — Então, aqui vai. Eu estou escrevendo meu artigo opinativo sobre o porquê de as panelinhas serem tão ruins para as crianças e por que é importante que seja descoberta uma maneira de acabar com elas. Eu quero mostrar às pessoas que é possível, e a melhor forma de fazer isso é uma pessoa como você namorar alguém como Jake.

Hannah olhou para mim. Quero dizer, *realmente* olhou para mim. Possivelmente pela primeira vez desde que ela me mostrou a língua sete anos antes.

— Isso é interessante — ela disse.

Por favor, marque o dia e a hora – 14 de maio, 11h44 – porque, pela primeira e possivelmente única vez na minha vida, Hannah Spivero me achou – ou pelo menos achou algo que eu disse – interessante.

Por aquele breve e brilhante momento, eu estava por cima. E me sentia fantástico.

Mas ela se recuperou rapidamente. E aquele momento mágico acabou.

— Por que você não disse isso antes? — ela disse. — Parece ser um projeto legal. Eu teria feito mesmo sem a capa incrível dos Beatles.

Hannah Spivero tinha uma capacidade sobrenatural de fazer você se sentir feliz e triste na mesma frase.

— Combinado — ela disse.

— Combinado — repeti.

Por alguma razão estranha, eu estiquei minha mão e ela apertou, como se estivéssemos fazendo um acordo de negócios.

— Só uma coisa, você não pode contar a ninguém por que você está fazendo isso até eu apresentar o meu artigo — eu disse, de forma importante.

— Vai ser nosso segredinho — Hannah Spivero disse, piscando. — Você pode me devolver minha mão agora?

Dica nº 19 de Charlie Joe

SE VOCÊ ABSOLUTAMENTE, REALMENTE TEM QUE LER UM LIVRO, CERTIFIQUE-SE DE QUE É SOBRE UM ASSUNTO DE QUE VOCÊ GOSTA.

Se você é um garoto, você provavelmente gosta de livros sobre: esportes, espiões, super-heróis, e se perder na floresta.

Se você é uma menina, você provavelmente gosta de livros sobre: vampiros fortes e sensíveis com uma queda para morenas.

Se você é Jake Katz, você gosta de: livros com palavras.

46

Jake Katz é um cara muito legal, apesar de seu amor por livros.

Sua mãe, por outro lado, é realmente irritante. Ela pertence ao que meus pais se referem como "o quarto".

Deixe-me explicar.

Meus pais inventaram "o quarto". É um lugar imaginário onde eles colocam todos os adultos que nunca param de falar sobre si mesmos ou suas famílias ou seus filhos e quão maravilhosos eles são, sem sequer tomar fôlego por tempo suficiente para perguntar qualquer coisa sobre como você está.

Meus pais adoram a ideia de colocar todas essas pessoas incrivelmente egocêntricas em um quarto, se vangloriando sem parar e ninguém ouvindo uma palavra do que a outra pessoa está dizendo porque eles estão todos muito ocupados matracando sobre si mesmos.

A mãe de Jake Katz não apenas *está* "no quarto". Ela é um dos membros fundadores.

É por isso que a minha mãe não estava nem um pouco ansiosa para me levar para a casa de Jake naquela tarde de sexta-feira. Ela adorava Jake – e achava que ele e seus hábitos de estudo eram uma boa influência para mim, é claro –, mas ela não apreciava muito a ideia de ouvir a Sra. Katz tagarelar sobre a casa de férias que a família tem em Nantucket, sobre como sua filha já era parte da equipe de remo da Universidade Brown apesar de estar apenas no primeiro ano, sobre como o marido havia sido promovido para diretor executivo e estava fazendo muito dinheiro, ou apenas sobre como a família dela era maravilhosa.

Quando nós chegamos, eu saí logo do carro para que minha mãe pudesse fazer uma fuga rápida. Mas, como de costume, a Sra. Katz já estava correndo porta afora, gritando:

— Claire, nós temos tanta coisa para conversar.

Ela já estava se gabando quando chegou à garagem.

Minha mãe abaixou o vidro do carro e me chamou de volta.

— É como se eu tivesse uma placa na minha testa que diz "fale até meu ouvido cair" — ela sussurrou. Em seguida, saiu do carro e cumprimentou a Sra. Katz com um grande sorriso:

— Como estão as coisas? — ela disse, calorosamente. É assim que minha mãe funciona. Ela é boa nisso.

Enquanto Jake e eu escapávamos para o quarto dele, eu podia ouvir vagamente a Sra. Katz começar a falar sobre o novo Lexus pelo qual ela tinha se apaixonado completamente e como o consumo de gasolina era muito melhor do que você podia pensar e minha mãe concordando que sim, era mesmo um carro fantástico.

***

Muitos nerds só gostam de falar sobre coisas de nerds, como ciências e Jar Jar Binks. Jake não era assim.

Ele gostava de falar sobre meninas. Muito.

Mas a coisa mais legal em Jake era que ele nunca foi um daqueles garotos que sentiam pena de si mesmo por não serem o Sr. Popular. Ele ainda tinha certa confiança em si próprio. Era quase como se ele percebesse que sua hora de brilhar viria mais tarde na vida, então ele superava tudo o que acontecia com ele agora.

Agora mesmo ele estava jogando palavras cruzadas no computador e superando o fato de que provavelmente iria sozinho para o baile de fim de ano.

— O que eu gosto em ir sozinho é o fato de que não vou sentir que eu tenho que ficar com minha companhia a noite inteira — ele estava dizendo. — Se eu quiser pegar um suco, posso ir pegar um suco. Se eu quiser ficar com meus amigos, posso ficar com meus amigos. É realmente vantajoso não estar amarrado a uma mulher.

Era difícil mudar de assunto com Jake quando ele estava empolgado, mas eu tinha que tentar.

— Cara, isso ainda é daqui a um mês — eu disse. — Muita coisa acontece antes disso. Nossos artigos opinativos, por exemplo.

— Ah, certo.

Falar sobre trabalhos escolares entediava Jake, provavelmente porque ele não se sentia nem um pouco desafiado por eles.

Mesmo assim, eu tinha uma pauta a cumprir.

— Então, de qualquer forma, o meu vai ser sobre panelinhas na escola, por que elas existem e se são ruins.

Jake bufou:

— Claro que elas são ruins. Elas são um saco. — Ele era apaixonado pelo assunto, por uma boa razão.

— Então, meu plano é mostrar que os grupinhos podem ser superados, até eliminados, se as pessoas apenas derem uma chance. E eu quero provar dando um exemplo de duas pessoas de dois grupinhos bem diferentes namorando.

Ele olhou para mim. Ele era inteligente demais para não saber o que eu estava planejando.

— Quem você tem em mente?

— Bem, eu estava pensando em você e Hannah. — Eu segurei a minha respiração.

Ele riu.

— Isso é loucura! Eu não sou idiota, Charlie Joe. Eu conheço o negócio. Eu podia me dedicar a conseguir namorar alguém como Hannah ou qualquer uma das meninas realmente populares por mais ou menos dez anos e tenho certeza de que isso nunca iria acontecer.

— Bom, é isso que é tão legal em Hannah, ela não é como as outras meninas populares. Ela é diferente. E acontece que eu já conversei com ela sobre isso e ela topou. Ela *quer* que você a peça em namoro!

— Eu aposto que ela mal pode esperar — Jake disse.

— Vai ser muito legal — eu continuei. — Mas tem uma coisa. Nós não vamos contar a ninguém que foi ideia minha, assim nós iremos ver como a escola reage. E então eu posso analisar isso para o meu artigo opinativo.

Jake ponderou.

— Então, não é que ela goste de mim, ela apenas concordou em fazer parte de uma experiência social — ele disse, compreendendo totalmente a situação.

— Algo assim — eu admiti. — Mas eu acho que quando ela descobrir como você é realmente, ela provavelmente vai acabar gostando de você de qualquer maneira.

— Você acha mesmo? — ele perguntou.

Mesmo que parecesse ser um tiro no escuro e a possibilidade me assustasse, por alguma razão eu realmente acreditava nisso.

— Acho, de verdade — eu respondi.

Jake olhou profundamente para o seu computador, como se estivesse pedindo a ele um conselho. Finalmente, ele olhou para o teto.

— Uau — ele disse. — Sério, uau. OK, vamos em frente.

— Agora você está falando a minha língua! — eu disse, dando um tapa nas costas dele. — Vamos, vamos lá para fora fazer algumas cestas.

— OK — ele disse, fechando seu notebook. Ele parecia não ter certeza do que tinha acabado de acontecer.

— Obrigado, eu acho — ele disse.

— Vocês vão ser incríveis juntos — eu disse, enquanto íamos para fora.

***

Nós estávamos no meio da nossa partida de H-O-R-S-E* – eu estava ganhando por uma letra quando toquei casualmente em outro assunto, como se eu tivesse acabado de pensar nisso.

— Ah, cara, mais uma coisa. Você podia me ajudar com alguns dos livros que eu tenho que ler para o meu artigo opinativo? Talvez você pudesse lê-los rapidinho, já que você lê tão rápido e tudo mais, e daí meio que me dar uma ideia do que está neles.

Jake estava driblando com elasticidade extra nos seus passos, já sentindo o vento de Hannah sob suas asas. Era difícil dizer o que ele estava pensando, então eu decidi continuar falando.

* H-O-R-S-E é um jogo de basquete no qual o primeiro participante anuncia e executa um tipo de arremesso à cesta, que deve ser imitado pelos demais. O atleta que errar acumula uma letra da palavra HORSE (cavalo, em inglês) e quem completar a palavra é eliminado, até restar apenas um jogador (N.T.).

— É que eu tenho uma lista de livros que minha irmã me passou e ela é muito cruel. Eles são grandes e difíceis e eu estou com muito medo de não estar pronto no dia.

De repente, ele olhou para mim e me deu o glorioso e tranquilo sorriso que apenas alguém namorando com Hannah poderia dar.

— Sem problemas, meu caro. Para que são os amigos?

E então ele voltou e ganhou de mim, H-O-R-S-E a H-O-R-S.

47

Eu já tinha falado com Timmy, Katie, Hannah e Jake. Todos eles pensavam ser um bom plano e que eu era um gênio. (Exceto por Katie.) O palco estava montado. A sorte tinha sido lançada. O ovo estava pronto para ser chocado.

Eu posso não gostar de ler, mas conheço uma boa metáfora quando vejo uma.

Parte Quatro

NA HORA, PARECIA SER UMA BOA IDEIA

48

Durante o jantar daquela sexta-feira, minha mãe me perguntou por que eu estava de tão bom humor.

— Porque eu vou para uma festa hoje à noite — eu respondi.

— Será que você podia parar de comer como um cachorro? — ela respondeu de volta, o que não tinha a ver com nada, exceto, talvez, com o fato de que eu estava lambendo meu prato naquele exato momento.

— Mamãe não quer dizer apenas hoje — papai entrou na conversa. — Ela diz em geral. E você parece estar de ótimo humor, o que é interessante levando em conta que a data de entrega do seu grande trabalho está chegando e todos nós sabemos quanto você ama trabalhos escolares.

Eu sabia onde eles estavam querendo chegar. Eles na verdade não queriam saber por que eu estava feliz. Eles queriam saber se eu estava utilizando meus velhos truques.

Megan, que estava comendo, mandando mensagens de texto e penteando o cabelo, tudo ao mesmo tempo, ouviu as palavras "*trabalho escolar*" e olhou.

— Sobre o que estamos falando?

— Sobre por que eu estou feliz — eu disse, colocando mais macarrão no prato.

Minha irmã olhou para os meus pais.

— Vamos lá, gente, deem um desconto a Charlie Joe — ela disse, e que seu coração seja abençoado. — Ele está trabalhando muito duro ultimamente, e escolheu um tema muito legal para seu artigo opinativo.

— Ah? — minha mãe disse. — Sobre o que é?

A conversa, a partir daqui, podia seguir dois caminhos. Eu podia dizer a eles, o que *sem dúvidas* terminaria em pelo menos mais catorze perguntas sobre o assunto. Ou eu poderia não dizer a eles, o que *poderia* terminar em mais catorze perguntas sobre o assunto.

— Eu prefiro manter em segredo — eu disse, o que realmente não fazia sentido nenhum, agora que estou pensando nisso.

Meus pais se entreolharam e decidiram aceitar. Ou pelo menos, por enquanto, deixar para lá.

— Bem, eu estou ansioso para lê-lo — disse meu pai, que começou a lamber o próprio prato, para o horror da minha mãe.

— Será que eu vivo em um canil? — ela balbuciou, antes de dar seu prato para Moose e Coco para eles não ficarem completamente de fora.

49

Festas de ensino fundamental são sempre a mesma coisa: pizza fria, biscoitos emborrachados, refrigerante sem gás, música ensurdecedora, algumas pessoas se beijando, muitas pessoas fingindo que não estão olhando mas na verdade olhando sem parar para as pessoas se beijando, e a irmãzinha do anfitrião entrando e saindo constantemente sob o pretexto de ver se a tigela de batatas fritas está vazia e precisa ser enchida, mas na verdade apenas para verificar o que estava acontecendo e informar aos pais que ninguém tinha tido uma overdose de batata frita e estava vomitando no sofá.

Naquela sexta-feira à noite, na casa de Kelly Dunn, as estrelas do show foram Jake Katz e Hannah Spivero.

Jake havia pedido Hannah em namoro durante a hora do lanche dois dias antes, e demorou mais ou menos oito minutos para a escola inteira saber. Eu acho que uma boa maneira de descrever a reação é choque e admiração.

Os amigos de Hannah ficaram chocados e os amigos de Jake ficaram admirados.

O primeiro encontro deles foi na festa de Kelly. Acho que você pode imaginar a reação.

Eles não estavam se beijando nem nada assim, mas estavam fazendo algo quase tão chocante. Eles estavam conversando e rindo. E enquanto as outras pessoas não conseguiam tirar os olhos deles, parecia que Jake e Hannah não conseguiam tirar os olhos um do outro.

Eu percebi que, na verdade, nunca tinha visto nenhum deles rir e falar tanto ao mesmo tempo.

Naturalmente, meus sentimentos sobre tudo aquilo eram contraditórios.

Eu estava satisfeito por minha experiência funcionar tão bem.

E eu estava infeliz por minha experiência funcionar tão bem.

***

A ideia de que a principal líder de torcida, Hannah Spivero, e o Sr. Leitor Jake Katz estavam juntos em uma festa já era demais para as pessoas aceitarem.

Mas quando eles começaram a dançar, a festa inteira parou no meio do caminho.

No início, as pessoas pararam de falar de uma só vez e olharam boquiabertas. Você poderia ouvir um alfinete cair. Em seguida, o burburinho recomeçou, muitos estavam sussurrando apavorados; podia-se ouvir alguns "ai meu Deus" e esse tipo de coisa.

Foi preciso que a irmãzinha de Kelly Dunn, que tinha vindo para uma de suas missões de espionagem periódicas, deixasse escapar o que todo mundo estava pensando.

— Caracas! — ela disse.

E foi preciso que Teddy Spivero – o irmão gêmeo desagradável e irritante de Hannah – deixasse escapar o que *eu* estava pensando.

— Ei, Jackson, o que aconteceu? Todos aqueles anos correndo atrás da minha irmã e o pequeno Jake Katz fica com ela? Mas não se preocupe, talvez um dia vai ser você.

Ele tomou um gole grande de seu suco e continuou:

— Sim, um dia no ano de DOIS MIL E NUNCA!

Todo mundo riu.

Até eu tive que admitir, aquela foi boa.

Dica nº 20 de Charlie Joe

QUANDO VOCÊ TIVER LIDO MAIS DO QUE A METADE DE UM LIVRO, ENTRE NO RITMO, PASSE OS OLHOS RAPIDAMENTE POR ALGUMAS PÁGINAS E O TERMINE O MAIS RÁPIDO POSSÍVEL.

Sabe aquelas pessoas que terminam um livro e dizem: "Eu estou triste por ter acabado"? Eu tenho uma notícia para elas.

A pessoa que escreveu o livro não está triste porque ele terminou, caso contrário ele ou ela teria continuado escrevendo. Na verdade, é o contrário. Eles estão aliviados. Emocionados. Prontos para comemorar.

O leitor também tem que pensar assim. Terminar um livro é um motivo de alegria, não de arrependimento.

Então se apresse. Você já passou da metade.

Pise no acelerador.

50

É praticamente uma regra implícita que em todas as escolas, durante as reuniões escolares, as pessoas se sentam com suas próprias panelinhas. Atletas sentam com atletas, nerds sentam com nerds, chineses sentam com chineses e assim por diante.

Mas não na nossa escola. Não mais.

Porque aqui vai: desde que Jake e Hannah começaram a namorar – e realmente parecerem *gostar* um do outro –, todo o resto da escola tinha começado a se separar devagar, com cuidado e com cautela, de suas panelinhas.

Olha, eu não estou dizendo que foi um terremoto social nem nada assim. Foram apenas algumas coisas pequenas aqui e ali. Como a forma como as pessoas se sentavam nas reuniões escolares, por exemplo.

Na reunião de hoje, que por acaso era sobre o fato de o refeitório ter substituído todos os lanches bons que eram ruins para a saúde por lanches ruins que eram bons para a saúde, Jake sentou ao lado de Hannah, que sentou ao lado de Jack Humphries (atleta), que sentou ao lado de Mark Fricker (nerd), que sentou ao lado de Lauren Hu (chinesa).

Foi uma coisa linda de se ver.

***

Depois da reunião, a Sra. Ferrell estava de pé perto do auditório com o Sr. Dormer e a Srta. Axlerod – dois professores de estudos sociais que todo mundo achava que eram namorados só porque eles eram os dois professores mais bonitos da escola.

Eu sabia que Dormer era bonito porque todas as mães – incluindo, eu fico horrorizado em dizer, a minha – ficavam risonhas quando o viam.

Eu sabia que a Srta. Axlerod era bonita porque eu tenho dois olhos.

De qualquer forma, a Sra. Ferrell me viu e me chamou.

— Charlie Joe, por que todo mundo estava sentado com pessoas diferentes hoje? Eu nunca vi isso antes em todos os meus anos nesta escola!

— Eu sei — eu disse. — Você pode acreditar nisso? — eu não queria chegar muito longe no assunto.

(Por alguma razão, sempre que a Sra. Ferrell tinha uma observação interessante a fazer sobre os alunos – boa ou ruim –, ela sempre fazia a mim. Às vezes, as observações não eram nem boas nem ruins, apenas aleatórias. Como: "Por que todos os garotos nesta escola são tão fascinados por skates?"; ou: "Por que todas as meninas de repente começaram a alisar os cabelos?". Ela devia pensar que eu me importava. Não era uma suposição muito precisa.)

O Sr. Dormer colocou o braço em volta de mim.

— Sr. Jackson, eu ouvi dizer que você é um garoto muito inteligente, mas um pouco preguiçoso.

Meu primeiro pensamento foi: "Por que não foi a Srta. Axlerod que colocou o braço em volta de mim?".

Meu segundo pensamento foi: "Negar, negar, negar".

— Eu não diria que isso é verdade.

Eu tentei escapar de suas mãos, mas ele apertou ainda mais.

— Bem, eu espero ter você na minha sala de aula um dia — o Sr. Dormer disse —, porque assim vamos descobrir de uma vez por todas. — E então ele bateu nas minhas costas de brincadeira. — Na minha sala, o único que tem permissão para ser preguiçoso sou eu!

Ele riu de sua própria piada – uma violação imperdoável das regras de comédia – e a Srta. Axlerod fingiu rir junto com ele.

Aquilo encerrou o assunto. Eles estavam namorando.

Ah, Srta. Axlerod, como você pôde?

***

A Sra. Ferrell tentou retomar o controle da conversa.

— Então, Charlie Joe, quais são seus planos para o verão?

Grato pela mudança de assunto, eu comecei uma longa e detalhada descrição da minha programação de verão.

— Nada demais.

O Sr. Dormer se intrometeu de novo.

— Ah, como eu queria estar no seu lugar, Sr. Jackson — ele disse —, o que eu não daria para ser uma criança novamente. Exceto pelas espinhas e pelo artigo opinativo, é claro! — Ele terminava cada tentativa de piada com um equivalente verbal de um ponto de exclamação.

Será que ser bonito lhe dava o direito de ser completamente sem graça?

— Bem, eu tenho que ir para a aula — eu disse, tentando fugir. — Não quero chegar atrasado e dar a ninguém a ideia de que eu sou um preguiçoso.

A Srta. Axlerod riu disso – uma risada genuína e real, que não parecia em nada com a risada falsa que tinha dado da piada de Dormer há pouco tempo.

O Sr. Dormer a viu rir e então olhou para mim, oficialmente me garantindo uma péssima nota se um dia eu me encontrasse em sua sala.

A Sra. Ferrell riu também, o que fez com que eu me sentisse bem, como de costume – eu adorava fazê-la rir, porque mesmo que eu a associasse a deveres de casa, livros e leitura, eu realmente gostava dela como pessoa.

— Eu mal posso esperar por terça-feira — ela disse, e por um segundo eu não tinha ideia do que ela estava falando.

E então eu lembrei. Ah, sim.

Eu iria apresentar meu artigo opinativo na terça-feira.

Isso quer dizer, daqui a seis dias.

— Eu também mal posso esperar — eu disse.

A Srta. Axlerod riu de novo, apesar de que desta vez eu não estivesse tentando ser engraçado.

51

Domingo à noite – dois dias antes da apresentação do meu artigo opinativo – eu, de repente, me senti meio culpado.

Não foi o fato de Jake estar lendo os livros para mim que fez com que eu me sentisse culpado. E também não foi o fato de meus pais e minha irmã não saberem que Jake estava fazendo isso que fez com que eu me sentisse culpado.

Foi porque Jake estava jantando na minha casa e meus pais começaram a falar para ele sobre como ele era uma ótima influência para mim, e como eles estavam orgulhosos por eu estar lendo e trabalhando tanto no meu artigo opinativo. E também porque Jake olhou escondido para mim e meio que deu de ombros como se dissesse: "*Se eles soubessem*".

Foi a combinação de todas essas coisas que fez com que eu me sentisse culpado.

Eu tinha dito a meus pais, mais ou menos uma semana antes, que eu estava escrevendo sobre panelinhas no ensino fundamental, e eles tinham concordado que era um ótimo tema para explorar. Eu tinha mostrado a eles os livros que eu estava usando para a minha pesquisa, e eles os acharam fascinantes.

Então eu prontamente os entreguei a Jake no dia seguinte, na escola.

E agora, de repente, no jantar, eu estava começando a sentir certa culpa.

Sentimentos podem ser tão inconvenientes.

A fim de limpar minha consciência, eu decidi lavar a louça.

— Vocês rapazes querem sobremesa antes de ir estudar? — minha mãe perguntou.

— Não, obrigado — eu disse, ao mesmo tempo em que Jake disse — Sim, por favor.

Eu queria sair de lá o mais rápido possível. Jake queria sorvete.

Ele estava devorando o sorvete de menta com pedaços de chocolate quando a conversa ficou ainda mais desagradável.

— Então Charlie Joe nos contou que você está namorando Hannah Spivero — meu pai disse.

— Quando foi que eu disse isso? — reclamei. Eu não tinha ideia de onde ele tirava suas informações. Como é que os pais parecem sempre saber das coisas?

Megan tentou ajudar.

— Pai — ela disse —, garotos do ensino fundamental não gostam de falar sobre esse tipo de coisa.

Mas Jake era um garoto que gostava muito de falar sobre esse tipo de coisa, especialmente quando o assunto era a sua nova namorada.

— Sim, está indo realmente bem. Eu mal posso acreditar — Jake disse. — E tudo graças a Charlie Joe.

Eu congelei. Jake imediatamente olhou para mim, pensando "*ooops*".

Meus pais, graças a Deus, não perceberam nada. Megan me perguntou:

— Foi você quem os ajudou a ficar juntos? Por que você faria isso? Eu achei que *você* era totalmente apaixonado por Hannah Spivero.

— Não mais — eu disse, e então, como forma de mudar de assunto, eu disse para Jake — Então você gosta de menta com pedaços de chocolate, hein? Eu prefiro café.

Depois que subimos para o meu quarto, Jake me deu um resumo incrivelmente útil, brilhantemente escrito, capítulo por capítulo, de todos os livros que eu tinha que ler.

Ele provavelmente demorou mais ou menos meia hora para escrevê-los.

— Esses livros são realmente muito legais — ele disse — Você escolheu um tema muito interessante.

— Obrigado — eu disse. — De verdade, obrigado por tudo, cara. Você realmente salvou a minha vida!

Jake sentou na minha cama.

— Por que você odeia tanto ler?

Eu estava me sentindo culpado, tinha três resumos para ler e nenhum tempo para bate-papo, então eu apenas disse:

— Não sei, eu só odeio.

Ele apenas balançou a cabeça tristemente.

— Você não sabe o que está perdendo.

Dica nº 21 de Charlie Joe

EXISTEM COISAS QUE VOCÊ PRECISA TER CERTEZA DE QUE SABE QUANDO VOCÊ DIZ A ALGUÉM QUE VOCÊ LEU UM LIVRO, QUANDO NA VERDADE VOCÊ NÃO LEU.

1. *O título.*
2. *O autor.*
3. *O que tem na capa.*
4. *Quantas páginas ele tem (aproximadamente).*
5. *O nome do personagem principal.*
6. *O nome de quem morre.*
7. *Os nomes de todos os animais.*
8. *Quanto tempo levou para ler.*
9. *O que acontece em um capítulo específico.*
10. *Se você gostou ou não.*

52

Manhã de terça-feira, 11h10.

Você sabe aquela gota de suor que aparece de repente na sua testa quando você fica nervoso, e depois escorre lentamente pelo rosto, como se fosse uma lágrima derramada pelo seu cérebro porque é triste que você tenha se metido naquela situação?

Bem, essa gota de suor estava mais ou menos na metade do caminho pelo meu rosto quando eu fui para a frente da sala para apresentar meu artigo opinativo.

A Sra. Ferrell estava lá, é claro. Mas como esse era o grande evento acadêmico do ano, o resto do departamento de inglês também estava: o Sr. Simms, a Sra. Cohen e o Dr. Jamison, que obviamente era a pessoa mais importante da escola porque ele era o único doutor (embora eu pessoalmente nunca tenha visto ele curar ninguém).

E me parecia que toda a civilização ocidental também estava lá, mas eram apenas os outros 22 alunos da minha sala de inglês.

Eu limpei minha garganta. Ah, se eu apenas pudesse limpar a sala...

— Olá a todos, meu nome é Charlie Joe Jackson — comecei, de uma forma acadêmica. Eu vi Timmy revirar os olhos. — Obrigado por terem vindo hoje.

Que escolha eles tinham?

— Meu artigo opinativo é intitulado "De amigos a rivais: Como as pressões enfrentadas pelas crianças atualmente as fazem formar panelinhas, ou times, para se enfrentarem umas às outras".

Segurem os aplausos.

Eu segui em frente.

— Os livros que eu li para este projeto são: *Grupos como apoio*, de Marvin S. Hackett; *Clubes demais, tempo de menos*, de Sheila Warburg; e *A supercriança moderna*, de Frederick e Catherine Wilson.

Eu dei uma olhada rápida para os professores para ver se alguém parecia já ter ouvido falar nos livros – esperando que eles não tivessem, é claro – mas eu não podia dizer, então continuei.

A primeira frase foi incrível:

— Minha convicção é que, como as crianças na sociedade de hoje estão sob muita pressão para se sobressair, e passam muito tempo na escola e em outras atividades, elas não desenvolvem as habilidades sociais necessárias para interagir com todos os seus colegas e, portanto, apenas socializam com aqueles que possuem os mesmos interesses, formando panelinhas, clubes e outras formas de separação que, no fim das contas, são prejudiciais para o desenvolvimento e o processo de amadurecimento na medida em que crianças tentam tornar-se adultos.

Muito longa?

***

Eu apresentei o meu trabalho com o mínimo de deslizes, fazendo algumas boas observações pelo caminho. Quero dizer, se você realmente quer saber, eu tenho certeza de que repeti a mesma observação algumas vezes – quem não faz isso? Mas ao mesmo tempo, eu me senti bastante confiante de que eu estava fazendo um bom trabalho.

Em qualquer caso, eu tinha algumas surpresas especiais planejadas para o término da minha apresentação. Eu estava guardando o melhor para o fim.

— Até agora — eu anunciei —, eu apresentei um artigo opinativo muito tradicional. Eu li os livros, fiz a pesquisa, escrevi uma tese e provei minha tese com fatos e dados. — Respirei fundo. Aqui vai. — Mas agora, senhoras e senhores, eu gostaria de oferecer a vocês uma prova específica de como as pessoas podem resistir, e se preocupar menos com tirar notas boas e entrar em turmas avançadas no ensino médio e se concentrar mais em conhecer todas as pessoas legais e diferentes ao seu redor. Porque isso pode ser feito. E a coisa mais importante é que todos querem que isso aconteça.

Eu balancei a cabeça para Timmy e ele se levantou.

— Meu nome é Timmy McGibney. Eu geralmente fico com as pessoas que gostam de skate e de snowboard, mas ontem eu conversei bastante com Casey, que está na orquestra, e ele foi muito legal.

Eu balancei a cabeça para Pete Milano, que se levantou, sorrindo.

— Eu penso sobre esportes quase o dia todo, todos os dias, mas uma vez meus pais me levaram para ver um musical da Broadway e foi bem legal.

— Ele se sentou em meio a risadinhas de seus colegas atletas.

Eu balancei a cabeça para Eliza e ela se levantou.

— Muitas pessoas me consideram a garota mais bonita da série, mas isso não significa que eu só ande com outras meninas bonitas. — OK, ela não manteve totalmente o roteiro, mas seguindo em frente...

Katie se levantou de sua cadeira.

— Por um tempo, eu fui nerd, depois eu fui gótica, então eu fui uma skatista, depois eu fui uma perdedora, depois eu fui uma vencedora, e então finalmente descobri quem eu realmente era: apenas uma menina. — Ela sorriu para mim e se sentou.

Vamos apenas dizer que Katie Friedman é simplesmente incrível.

Eu dei outra olhada rápida para os professores, que estavam claramente apreciando o show. Tudo estava indo bem até agora.

Hora do *gran finale*.

***

Eu baixei meu papel na mesa da Sra. Ferrell como se eu tivesse terminado.

— Obrigado a todos por ouvir — eu disse, finalizando. — Eu espero que todos nós tenhamos aprendido uma lição importante aqui hoje. Deixem as pessoas serem elas próprias e, adivinha? Elas podem surpreendê-lo.

Eu fui para o meu lugar ao som de alguns aplausos calorosos. Eu tinha quase certeza de que os aplausos valiam pelo menos um 8,5. E então, bem na hora...

— Espere um segundo.

Todo mundo parou de bater palmas... parou de falar... parou tudo.

Hannah Spivero se levantou.

Não no chão.

Não na cadeira dela.

Sim, Hannah Spivero – a garota dos meus sonhos – estava de pé em cima da *mesa* dela.

— Eu tenho algo a dizer — ela anunciou grandiosamente e esperou um pouco para criar o suspense antes de continuar. Era uma artista natural, eu descobri.

— Eu acho que todo mundo já sabe que Jake e eu estamos namorando.

Nós sabíamos.

— Quando Jake me pediu em namoro, eu achei que ele era louco — Hannah continuou. — Por que eu iria sair com alguém como Jake? Todos os meus amigos riram. — Ela olhou para Jake, que olhou de volta, tímido. — Mas eu decidi, e daí? Quem era eu para julgá-lo só porque ele usava óculos e tocava violino e fazia parte do clube de xadrez? Talvez eu devesse dar uma chance a ele.

Ela fez uma pausa, preparando o momento.

— Por fim, descobri que foi a melhor decisão que eu já tomei.

Ah, ela era boa.

Então Hannah desceu da mesa. Ela andou para a frente da sala e, lentamente, quase cerimoniosamente, virou-se e andou direto até Jake Katz.

— Eu gosto muito de você — disse a garota que nunca será minha namorada para o namorado dela, no momento antes de se inclinar e dar um beijo na bochecha brilhante, corada e vermelha dele.

***

O lugar entrou em erupção. Caos. Pandemônio. Confusão. Tumulto. (sinônimos.com.br – confira)

Jake quase teve um ataque cardíaco. (E se ele tivesse, teria morrido um homem feliz.)

Mas bem no meu momento de triunfo, eu percebi algo sobre mim. Quando inventei o plano para juntar Jake e Hannah, eu havia dito a mim mesmo que eles não se apaixonariam um pelo outro de verdade, mas de alguma forma eu sabia que isso iria acontecer. Mas não importava.

Para você ver como eu estava desesperado para evitar a leitura. Eu estava disposto a ver a garota dos meus sonhos beijar outra pessoa.

Foi o melhor e o pior momento da minha vida.

53

Aparentemente, eu ainda não tinha terminado.

A Sra. Ferrell silenciou a multidão, o que deu algum trabalho.

— Uma apresentação muito impressionante, Charlie Joe — ela disse, falando o óbvio —, e extremamente teatral. Mas como você sabe, os professores geralmente gostam de fazer algumas perguntas depois, apenas para garantir que você tem total domínio do assunto.

Você está brincando? Total domínio do assunto? Você me viu ou não me viu agitar essa sala agora mesmo?

— Claro — eu disse.

Dr. Jamison começou:

— Sr. Jackson, primeiramente eu quero dizer quanto eu gostei do seu trabalho e quanto admiro o tema que você escolheu. Mas eu estou curioso, qual dos livros você acha que mais lhe ajudou na sua pesquisa?

Essa foi uma jogada de softbol.* O bom doutor tinha arremessado uma por cima da placa. Mas eu podia mandar essa para fora do parque, graças à Dica nº 21 de Charlie Joe.

*Softbol é uma adaptação americana do beisebol, feita com o objetivo de permitir que partidas do jogo fossem realizadas em ginásios cobertos (N.T.).

— Eu fico feliz que tenha perguntado isso, Dr. Jamison. Eu realmente gostei de todos os livros que eu li, mas se eu fosse forçado a escolher o recurso mais valioso, teria que escolher *A supercriança moderna,* de Frederick e Catherine Wilson. Da imagem da criança com quatro cabeças na capa ao exemplo fascinante do prodígio do violino sobrecarregado no capítulo sete, eu achei o livro extremamente interessante. Eu acho que a melhor maneira de descrever quão interessante eu achei esse livro é que ele tinha 278 páginas e ainda assim ele passou num piscar de olhos.

Todos os professores concordaram e eu pensei que estava livre até o Sr. Simms dizer:

— Eu me lembro desse livro.

Hein?

Basta continuar concordando, eu disse a mim mesmo.

— E eu concordo — ele continuou —, a história do prodígio do violino é um conto de advertência de valor inestimável para todos os pais que estão pensando em sobrecarregar seus filhos com uma miríade, um número incontável de atividades.

Eu meio que sabia o que *advertência* significava e não tinha ideia do que era *miríade,* mas eu conhecia todas as outras palavras e elas foram colocadas juntas em uma ordem que me fazia muito feliz. Então eu balancei a cabeça concordando e o Sr. Simms sorriu.

A Sra. Cohen era a próxima.

— Charlie Joe, eu não estou completamente convencida de que toda a culpa pode ser colocada nos adultos. As crianças são participantes ativas em todo esse ciclo vicioso. Você pode, por favor, explicar como os vários livros que você leu ilustraram suas teorias a respeito de pressão de adultos versus pressão de colegas? Eles são claros ao delimitar as diferenças entre as duas?

Fique calmo, meu jovem amigo, fique calmo... forme uma rápida imagem mental do resumo de Jake na sua mente... ah, aqui estão eles... e... vá!

— Bem, Sra. Cohen, essa é uma pergunta muito interessante. Todos os livros destacaram como as crianças são, no fim das contas, responsáveis pela mudança em seu próprio comportamento, mas talvez isso seja explicado melhor por Sheila Warburg em seu livro *Clubes demais, tempo de menos*. Ela diz no capítulo três, intitulado "Tomando de volta suas vidas", que no fim das contas toda criança tem que tomar suas próprias decisões, que elas não podem achar que só porque seus pais são adultos no fim das contas todas as decisões que eles tomam são, no fim das contas, a correta.

Eu estava vagamente consciente de que eu tinha usado a expressão "*no fim das contas*" quatro vezes naquela explicação, mas não me importava. Você faz o que tem que fazer.

A Sra. Ferrell ficou em pé, o que era o equivalente a uma carta de saída livre da prisão*.

— Bem, Charlie Joe, eu tenho que dizer que você se saiu extremamente bem. Eu estou muito orgulhosa de você. Bom trabalho.

Eu concordei e me sentei. Todos aplaudiram de novo. O suor na minha testa estava começando a secar. Eu comecei a sentir minha língua de novo.

Esse era o gosto da liberdade.

* A carta de saída livre da prisão é uma das cartas que fazem parte do famoso jogo de tabuleiro Monopoly, ou Banco Imobiliário.

54

Mostrem as mãos: quem quer um capítulo curto?

É unanimidade.

55

Katie me encurralou imediatamente depois da aula.

— Você foi incrível lá dentro — ela disse. Por alguma razão estranha, foi exatamente naquele momento que eu percebi que ela tinha menos sardas do que ela costumava ter.

Quando isso aconteceu?

— Obrigado — eu disse.

Nós olhamos um para o outro por alguns segundos a mais, e de repente tudo ficou um pouco estranho.

Katie e eu sempre tivemos um entendimento de que somos melhores como amigos. Nós éramos melhores

como amigos na primeira série e nós vamos ser melhores como amigos quando tivermos oitenta anos de idade.

Em outras palavras, nós dois nunca daríamos certo.

Ou daríamos?

— Vamos lá — ela disse. — Você não pode estar falando sério.

Como sempre, ela sabia exatamente o que eu estava pensando.

Eu odiava e amava isso nela.

— O quê?

— Você sabe o quê. — Ela me puxou para longe das outras pessoas que ainda estavam dando tapinhas nas minhas costas depois do meu triunfo. — Nunca daria certo, você e eu. Nós gostamos até demais um do outro.

Aquela pode ter sido a coisa mais inteligente que alguém já me disse.

Eu abracei ela.

— Você é a melhor companheira que eu já tive.

Ela me abraçou de volta.

— Por companheira você quer dizer amiga, certo?

— Claro — eu disse, embora eu não estivesse completamente certo disso.

***

Eu encontrei Jake - o homem do momento – sozinho no banheiro masculino, limpando os óculos.

— Aquilo foi incrível — eu disse, batendo nas costas dele.

— Obrigado de novo. Você é o cara.

Ele não olhou para mim.

— Você acha que ela pode realmente gostar de mim? — ele perguntou, preocupado. — Quero dizer, agora que tudo acabou e você fez o trabalho... você acha que ela ainda vai querer namorar comigo?

Ele piscou, como se tivesse acabado de acordar de um sonho – um sonho chamado Hannah Spivero.

— Acho que sim — eu respondi e percebi que eu realmente achava. — Acredite ou não, eu realmente acho que sim, cara.

— EU TAMBÉM ACHO! — Jake gritou, soltou um "EBA!" alto e começou a pular para cima e para baixo, batendo no porta-papel toalha.

— Ela gosta de mim! Ela gosta de mim! Ei, todo mundo, Hannah Spivero gosta de MIM! — ele gritou várias vezes para o mundo, embora nós fôssemos as únicas pessoas ali.

Enquanto eu assistia, a primeira coisa que pensei foi: "Esse garoto é louco".

A segunda coisa que pensei foi: "Eu estaria reagindo exatamente da mesma maneira".

Parte Cinco

REVIRAVOLTA NA HISTÓRIA

Dica nº 22 de Charlie Joe

SEMPRE TENHA CUIDADO COM A REVIRAVOLTA NA HISTÓRIA.

Livros com uma reviravolta no último segundo da história estão apenas tentando desesperadamente prender sua atenção até o último minuto.

O que é uma pena, já que o autor poderia ter evitado muitos problemas apenas terminando o livro mais cedo.

56

Eu notei que este livro mudou muito desde que eu o comecei.

Ele se tornou mais como um livro livro.

Que não é o livro que eu queria escrever.

Eu não tenho certeza do que aconteceu.

57

Ninguém gostava de admitir, mas todos esperavam ansiosamente o último grande evento social do ano letivo.

O nome do evento – Baile de Fim de Ano – era entediante e nerd. Mas os ingredientes – pizza, um bar de sundae e dançar colado com meninas – eram superlegais.

Já era o último fim de semana do ano. Só havia mais dois dias de aula – a segunda-feira e terça-feira, o que parecia totalmente aleatório, já que todos os testes e lições de casa já haviam sido entregues e ninguém iria fazer nada além de andar por aí dizendo tchau, assinando anuários e abraçando uns aos outros. (Toda a coisa de abraçar saiu de controle, a propósito. Ultimamente as pessoas se abraçam se não tiverem se visto por três minutos inteiros. Eles deveriam acabar com a aula de educação sexual e substituir pela aula de educação de abraço.)

Todo mundo já estava começando a falar sobre seus planos para o verão.

Eu tradicionalmente era um orgulhoso preguiçoso de verão, mas este ano meus pais haviam decidido que eu iria fazer algo produtivo, como ir para o acampamento de futebol, conseguir um emprego de babá ou – minha pele começa a coçar só de escrever isso – fazer um curso de verão.

Mas isso foi antes do meu triunfo com o artigo opinativo. O prazer que meus pais tiveram com a minha conquista (eles tinham finalmente lido o meu artigo e adoraram) me fez pensar que eu poderia ser capaz de evitar qualquer obrigação acadêmica adicional no verão; e quando mencionei que eu precisava de uma sunga nova, minha mãe não veio com seu habitual discurso de "você pode ir para a praia nos finais de semana, depois de fazer suas tarefas e ler pelo menos um livro completo durante a semana".

Talvez eles estivessem orgulhosos de mim, talvez eles tivessem apenas desistido, ou talvez era uma combinação de ambos – mas estava começando a parecer que o verão ia ser repleto da minha atividade favorita.

Nada.

***

De qualquer forma, no dia do baile, toda a escola estava fervendo de expectativa, e a costumeira agitação de garotos convidando meninas de última hora estava acontecendo em ritmo recorde. Quanto a mim, desde o dia em que Eliza pensou que eu a estava convidando, quatro meses antes, eu me perguntava com quem eu iria acabar indo. Eu considerei convidar mais ou menos trinta meninas diferentes.

Eu acabei convidando Timmy McGibney e Pete Milano.

***

Eu cheguei no baile bem na hora certa - 45 minutos atrasado.

Estava escuro, estava abafado e era impossível ouvir alguém falar.

Em outras palavras, estava perfeito.

Timmy, Pete e eu estávamos relaxando, tentando decidir se nós devíamos a) chamar meninas específicas para dançar, b) nos juntar ao grupo geral de dançarinos, ou c) fazer algumas cestas por alguns minutos no ginásio enquanto decidíamos como abordar toda a situação da dança.

Pete tinha uma opinião firme.

— Cara, você não chama uma garota para dançar em festas assim. Isso te prende totalmente. Você só mergulha no meio do grupo e dança com todas elas ao mesmo tempo. Certo, C.J.? — ele disse para mim, dando um murro no meu braço. Pete era um esmurrador.

— Certo — eu disse, examinando a multidão e procurando por um par de rostos que eu ainda não tinha visto. Demorou um minuto para eu encontrar Katie, que estava com seus amigos de sempre fazendo a mesma coisa que sempre faziam (mandar mensagem de texto uns para os outros).

Ela olhou para mim e eu acenei, e ela sorriu e acenou de volta. Eu sei, não foi exatamente um acontecimento importante, mas fez com que eu me sentisse bem, e por isso achei uma boa ideia contar isso aqui.

Principalmente porque foi a última coisa que me fez sentir bem naquela noite. Ou para sempre.

Outro soco de Pete no meu braço.

— Uau! — ele disse, apontando para a porta da frente.

Eu olhei. De fato, uau.

Passando pela porta estava Hannah Spivero, e segurando a mão dela estava um garoto que costumava ser Jake Katz.

***

Você sabe aquela coisa que acontece em desenhos animados, quando um personagem vê algo que não acredita, então esfrega os olhos, balança a cabeça e olha de novo?

Bem, eu tenho quase certeza de que foi isso que eu fiz.

Jake se parecia apenas remotamente com quem ele costumava ser. Ele não estava usando óculos – o que significa que ou ele não podia ver nada ou estava finalmente usando aquelas lentes de contato que seus pais tinham implorado que ele usasse. Suas roupas eram todas novas e cabiam de

verdade nele e ele colocou tanto gel no cabelo que um porco-espinho teria ficado com inveja.

Ele estava bonito.

Hannah, por outro lado, estava como ela sempre esteve. Perfeita.

Todo mundo se virou para olhar enquanto o casal feliz entrava no refeitório. Atrás deles, desfrutando de toda essa glória, estava Teddy Spivero, o irmão gêmeo lado-mais--raso-da-piscina-de-genes de Hannah.

Teddy olhou a multidão até encontrar quem ele estava procurando.

Eu.

— Ei, Bobo Jackson — ele gritou, usando um amado apelido que eu não tinha ouvido desde a quarta-série. Ele apontou para Jake e sua irmã. — Olha isso – ainda continua forte!

Timmy me cutucou no ombro – ele era um cutucador – e virou-se para mim com um olhar de ciúmes no rosto.

— Eles ainda estão namorando? — ele não estava realmente perguntando para mim, mas perguntando para o universo como uma coisa assim podia acontecer.

Eu podia sentir o universo encolhendo os ombros em resposta.

— Parece que sim — eu disse, impacientemente. Eu estava um pouco irritado com ele. Que direito ele tinha de estar com ciúmes? Ele tinha namorado com ela por mais ou menos sete horas, enquanto eu a amava por mais ou menos sete anos.

Teddy pulou até nós como um São Bernardo que tivesse ingerido muita cafeína.

— GENTES!

Teddy Spivero acabou de falar "gentes"?

Ele me deu uma cotovelada bem no estômago. (Ele era um acotovelador.)

— Eu aposto que você pensou que esse namoro não ia durar mais do que um minuto, hein? Bem, olhe para os dois agora, prontos para ir para a pista de dança fazer um pouco do velho ookie ookie.

"Ookie ookie"? "Gentes"? Diga o que quiser sobre Teddy Spivero – que ele é um idiota, claro –, mas ele tinha aparentemente criado sua própria língua e eu tinha que admitir que ela tinha um certo estilo.

— Eu não podia estar mais feliz por eles – eu disse, tentando parecer feliz por eles.

Jake trouxe Hannah supostamente para dizer oi, mas na verdade, foi para dar uma espécie de volta da vitória.

— Oi, Charlie Joe — ele disse, enquanto tentava colocar o braço em volta dos ombros de Hannah, mas alcançando apenas o meio das costas dela. — Como está indo? Oi, Timmy. Oi, Pete.

Nós todos murmuramos algo que soou como: "Oi, Jake".

Jake olhou para mim.

— Você estava certo. Pessoas de panelinhas bem diferentes podem prosperar juntos se apenas tiverem a oportunidade.

Hannah olhou para mim.

— Você é tão inteligente às vezes, Charlie Joe Jackson.

— É bom ser inteligente — eu disse, estupidamente.

58

Você lembra lá atrás, no capítulo 46, quando Jake estava feliz com a ideia de ir para o baile sozinho porque se ele fosse com uma garota teria se sentido preso e não teria conseguido ir pegar uma bebida ou ficar com os amigos sempre que quisesse?

Sim, bem, acontece que ele acabou quase não falando com os amigos e não foi pegar suco com muita frequência.

E quer saber?

Ele não pareceu ter achado isso tão ruim.

59

A ideia de Pete, de dançar com todo mundo em um grupo só, acabou sendo totalmente divertida. Nós passamos a maior parte da noite pulando para cima e para baixo com praticamente toda a série, apenas um bando de gente junta, meninos e meninas, se divertindo, colocando o estresse e a pressão do ano letivo para trás.

Uma hora, no auge daquilo tudo, eu até tive a estranha sensação de que iria sentir falta da escola.

Isso foi muito assustador.

Então veio a música em que as meninas chamam os meninos para dançar. Todo mundo estava se separando em pares e eu vi Eliza vindo em minha direção. Ocorreu-me que havia coisas piores no mundo do que dançar com a menina mais bonita da escola.

— Oi, Charlie Joe.

— Oi, Lize.

Ela balançou o cabelo algumas vezes.

— Eu só queria te dizer que mesmo você não tendo me convidado para o baile, eu não estou com raiva. Mas mesmo assim não vou te chamar para dançar, porque você pode levar um cavalo até a água, mas você não pode fazê--lo comer.

Eu olhei para ela.

— Eu acho que é "você não pode fazê-lo beber". Sabe, já que é água?

Ela piscou, considerando a possibilidade.

— Tanto faz — ela disse, e ela realmente queria dizer aquilo.

***

Enquanto Eliza partia, Katie chegou.

— O que foi aquilo?

— Ah, você sabe, o de sempre — eu disse. — Ela gosta de mim, eu não gosto dela, mas de alguma forma sou eu que acabo lá sozinho como um idiota.

— Bem, o idiota quer dançar? — Katie sempre sabia exatamente o que dizer.

Eu olhei para ela com gratidão.

— Eu achei que você nunca ia convidar.

Era uma daquelas músicas do Coldplay que não é nem

rápida nem devagar, então nós apenas meio que nos entreolhamos e balançamos para frente e para trás.

— Seu ano foi bom? — ela perguntou. Ela não enrolava; sempre ia direto para as grandes perguntas, que eram complicadas demais para alguém como eu responder.

— Muito bom — eu disse. Eu estava vendo Jake e Hannah dançar. Eles estavam em seu próprio mundinho e ninguém mais tinha sido convidado.

— "Muito bom"? — ela repetiu. — O que isso significa? Você cresceu? Você aprendeu alguma coisa? Ou você ainda é o mesmo Charlie Joe Jackson que eu geralmente acho adorável mas às vezes acho impossível?

— O quê? — eu respondi, distraidamente.

Ela me viu olhando para Jake e Hannah, revirou os olhos e suspirou.

— Essa coisa toda foi sua ideia, não se esqueça — ela disse, como se eu pudesse esquecer.

— Eu sei. E funcionou como mágica — eu disse, com tristeza. — Eu sou um gênio.

— Fique feliz por eles — ela disse, em seu tom de voz sábio de eu-vou-ser-uma-terapeuta-um-dia. — Você pode estar chocado, você pode estar confuso e você pode estar um pouco assustado. Mas tente ficar um pouco feliz por eles. Você pode fazer isso?

Eu olhei para ela e pensei por um segundo.

— Quer pegar um pouco de suco?

60

Algumas horas mais tarde, Phil Manning e Celia Barbarossa ficaram em segundo lugar na votação para rei e rainha do baile. Eu fiquei muito feliz por eles. Eles eram um casal perfeitamente normal, exceto pelo fato de que estavam namorando desde a quarta série, eram completamente devotados um ao outro, e todo mundo tinha certeza absoluta de que eles iriam se casar e ser felizes para sempre.

Adivinhe qual casal ficou em primeiro lugar?

Eu vou dar a você uma dica: um é uma deusa e um está na turma de álgebra da nona série.

Eu fiquei um pouco menos feliz por eles.

Na nossa escola, os dois casais mais importantes fazem um pequeno discurso. Era uma tradição do baile de fim de ano.

Eu já disse que oficialmente odeio tradições?

Phil e Celia fizeram um belo discurso sobre a santidade do seu amor (o que quer que isso signifique), comprovando, assim, sem sombra de dúvidas, que eles eram muito mais maduros emocionalmente do que o resto de nós.

Então foi a vez de Hannah e Jake. Hannah pegou o microfone primeiro, segurando-o como se ela fosse uma finalista do *American Idol* prestes a fazer uma interpretação profundamente emocional da música *Walk This Way*, do Aerosmith.

— Jake e eu estamos diante de vocês como um exemplo de como os opostos se atraem e como você nunca pode prever quem vai acabar gostando de quem — ela ronronou, arregalando os olhos para seu nerd-que-virou-príncipe. — Como os Beatles disseram certa vez, "o amor que você dá é igual ao amor que você recebe" — ela acrescentou, provavelmente sem saber que estava me lembrando que eu tinha aberto mão não de uma, mas de duas coisas: qualquer chance de ter o seu amor e minha posse material mais preciosa.

Ela entregou o microfone para Jake e se inclinou (ela era quase oito centímetros mais alta do que ele) para dar um beijo na bochecha dele.

Timmy e eu tocamos nossas próprias bochechas involuntariamente.

— Meu nome é Jake Katz — Jake disse, de uma maneira que fazia você perceber que ele ia falar por muito tempo. — Eu nunca tive uma namorada. Eu me dou muito bem na escola, mas eu não sou tão popular nem nada assim.

De repente, eu fiquei com uma sensação estranha no estômago. Jake estava sendo honesto. Muito honesto.

Honesto *demais*.

— Eu tentei me convencer de que eu era perfeitamente feliz. Eu disse a mim mesmo que eu seria um

escritor famoso um dia e que quando eu fosse rico e bem-sucedido, eu teria todas as meninas do mundo e tudo seria fantástico. — Ele estendeu a mão para ajeitar os óculos, esquecendo momentaneamente que ele não os estava usando. — Mas na verdade eu estava apenas meio que tentando me enganar, porque na verdade eu era muito solitário.

Oh-oh. Eu percebi que ele estava sendo emocional e não estava pensando.

— Então quando Charlie Joe Jackson me contou sobre sua ideia de me juntar com Hannah, eu não entendi — ele disse, em seguida.

Um gato oficialmente fora do saco.

Todos os olhos se voltaram para mim.

Meus olhos se voltaram para as saídas de emergência, no caso de eu precisar de uma.

Jake continuou.

— Ele é meu amigo, mas eu não pude deixar de pensar que talvez fosse algum tipo de piada cruel. Você sabe, tipo como naquele filme *Carrie – a Estranha*.

Uau, exemplo interessante, cara. Você já viu *Carrie – a Estranha*? O filme incrivelmente assustador onde a menina perdedora com poderes sobrenaturais é provocada por todas as pessoas da sua série e sai com um garoto popular sem saber que era uma pegadinha, até que ela se vinga queimando todos até a morte no BAILE DE FIM DE ANO?

De repente, *todo mundo* estava olhando para as saídas de emergência.

Jake olhou para Hannah e por um breve momento maravilhoso eu pensei que talvez ele não tivesse a coragem para continuar.

Então ela sorriu e lá foi ele.

— Mas então, quando Charlie Joe me explicou sobre seu artigo opinativo e sobre como ele queria provar que as panelinhas eram prejudiciais e deveriam ser superadas, eu fiquei feliz por ser parte de sua nobre experiência. E eu queria descobrir se a menina mais popular e o cara mais nerd da série podiam achar a verdadeira felicidade juntos também.

Então Jake olhou diretamente para mim e, de repente, por alguma razão estranha, eu sabia exatamente o que estava prestes a acontecer. Eu sabia que não poderia detê-lo, que eu teria que deixar acontecer. Sem saídas de emergência. Sem buracos no chão para me enterrar. Sem nada.

— Mas foi depois que Charlie Joe me pediu para ler seus livros para o artigo opinativo por ele — Jake disse, selando o meu destino —, que eu percebi quão profundamente enraizadas as panelinhas estão na nossa sociedade.

Parece que o ambiente ficou em silêncio mortal bem naquela hora. Exceto pelo som do meu coração batendo forte que, é claro, era ensurdecedor.

— Todas as escolas possuem panelinhas e parece que não conseguem detê-las — Jake disse, ficando mais animado a cada segundo. — Assim, se de alguma forma eu pude fazer apenas uma pequena parte para acabar com elas em nosso pequeno canto do mundo, então eu fiz algo muito, muito legal.

Em seguida Jake pegou a mão da sua namorada. E apesar de saber que a vida que eu conhecia estava prestes a terminar, não pude deixar de me sentir um pouco tocado.

— Então nós começamos a namorar — Jake disse, levantando sua voz para ser ouvido sobre o ruído que aumentava. — E há três dias, Hannah Spivero me beijou na frente do mundo todo.

Jake ergueu os braços para o céu, como se dissesse obrigado.

— Hannah Spivero!

***

Muitas pessoas perderam o segundo "Hannah Spivero!" – que foi a declaração de amor mais pura que você jamais vai ouvir – porque o lugar tinha explodido em uma onda de sons. E para todo lugar que eu olhava, as pessoas estavam apontando para mim e rindo.

Pete Milano me deu uma cotovelada nas costelas.

— Você está tão ferrado! — ele disse, ajudando muito.

Eu me senti como se estivesse tendo uma daquelas experiências fora-do-corpo, que parecem ser bem legais, mas nesse caso, definitivamente não era.

Eu olhei ao redor, procurando um rosto amigável, e tive um rápido vislumbre de Katie e Sra. Ferrell. Seus rostos não pareciam amigáveis. Elas pareciam arrasadas.

Isso fez com que eu me sentisse mal.

Então eu vi o Sr. Radonski vindo para a minha mesa. O que fez com que eu me sentisse ainda pior.

Enquanto isso, Jake ainda estava em cima do palco, confuso. Claro, ele não tinha ideia do que tinha acabado de dizer. Ele não tinha ideia de que tinha acabado de arruinar a minha vida. Não era culpa dele. Ele estava apaixonado. Ele estava preso no momento.

Eu estava apenas preso, ponto final.

***

Quando Jake pronunciou as palavras fatídicas "*mas foi depois que Charlie Joe me pediu para ler seus livros para o artigo opinativo por ele*", o único no edifício todo que não se surpreendeu foi Timmy.

Timmy, que tinha sido meu cúmplice por anos, a única pessoa que sabia o que eu estava fazendo e que, na verdade, tinha me ajudado a melhorar meu plano quando ele era apenas um sonho na minha cabeça, me cutucou uma última vez, bem quando o Sr. Radonski me pegou pelo braço.

— Cara, você provavelmente devia ter lido os livros — ele disse.

***

A penúltima coisa que eu me lembro daquela noite foi Katie olhando para mim enquanto eu deixava o baile. Ela estava dando tchau, tristemente, como se ela não fosse me ver de novo por um longo tempo. O que era verdade.

A última coisa que eu me lembro foi o Sr. Radonski me escoltando para fora do refeitório bem quando a música recomeçou com *I Wanna Rock and Roll All Night*, do Kiss.

— Caramba, eu amo essa música — Sr. Radonski disse enquanto nós saíamos, como se ele precisasse de outro motivo para me odiar.

Parte Seis

QUASE EM CASA

61

Eu já fiquei de castigo antes e sei que vou ficar de castigo novamente.

Dessa vez, eu provavelmente ficaria de castigo por seis anos, mas como todos nós sabemos, a coisa boa em ficar de castigo é que ele nunca dura esse tempo todo.

Quero dizer, você pode ficar de castigo por períodos cada vez mais longos, você até pode ficar de castigo pela vida toda, mas se parar para pensar, a média de tempo que se fica de castigo é de mais ou menos cinco dias e meio, porque depois disso todo mundo já está cansado de ver você em casa reclamando o tempo todo.

Eu já estava planejando ser o mais chorão possível.

***

Eu estava no ginásio esperando meus pais chegarem para me pegar do baile quando o Sr. Radonski me mostrou sua tatuagem.

— Tá vendo isso? — ele disse, puxando a manga direita da camisa para revelar uma grande águia fumando um cigarro. — Eu fiz essa tatuagem enquanto estava no exército. Demorou seis horas. Foi de longe a coisa mais dolorosa que eu já tive que suportar na minha vida.

Ele chegou mais perto, perto o suficiente para que eu reconhecesse a marca do molho de tomate que ele tinha comido no jantar.

— Mas essa dor vai ser como andar em uma cama de marshmallows se comparada ao inferno que vai ser a minha aula para você ano que vem.

Eu também te amo, Sr. Radonski.

Eu estava tentando descobrir como convencer meus pais a se mudarem para outro estado quando eles entraram pela porta.

Meu pai é um daqueles caras que nunca fica com raiva, mas quando ele fica, tome cuidado. E às vezes ele fica com tanta raiva que você sente antes mesmo de ele dizer uma palavra.

Esse era um desses momentos.

Eu podia dizer que ele estava tentando não explodir quando entrou pela porta. Seus olhos estavam muito estreitos e seu corpo estava meio que curvado. Eu sabia que, mais do que raiva, decepção ou frustração, o que ele estava sentindo era vergonha.

— Oi, eu sou James Jackson — ele disse ao Sr. Radonski e eles apertaram as mãos. — Eu quero agradecê-lo por cuidar do meu filho e peço desculpas por qualquer problema que ele tenha lhe causado hoje.

— Sem problemas — o Sr. Radonski disse, sem dar nenhuma indicação de que ele tinha colocado todo o medo do mundo em mim mais ou menos 38 segundos antes.

— Oi, Bill — minha mãe disse quando entrou pela porta. Ela conhecia o Sr. Radonski porque ela tinha substituído professores na nossa escola algumas vezes ao longo dos anos.

Ela sorriu calorosamente para ele, o que foi bastante impressionante considerando que havia uma lágrima em seu olho.

— Prazer em revê-la, Claire — Sr. Radonski disse, também sorrindo, como se ele estivesse prestes a dizer a ela que eu era a melhor pessoa do mundo.

Meu pai sentou-se ao meu lado e apenas olhou para mim pelo o que me pareceu ser dez anos. Então ele balançou a cabeça lentamente.

— Vamos para casa — ele disse.

E nós fomos para casa.

62

No início, eu me senti péssimo.

Naquela noite, como esperado, eu fui colocado de castigo por tempo indeterminado. O que eu achei ótimo, particularmente porque não havia ninguém que eu quisesse ver.

Eu tive que entregar meu celular, o que também achei bom porque, particularmente, não havia ninguém para quem eu quisesse mandar mensagens de texto ou com quem eu quisesse falar.

Eu tive que entregar meu computador, o que também foi bom porque... bem, você já entendeu.

Eu passei aquele fim de semana inteiro no meu quarto, olhando para as paredes, lembrando de tudo o que tinha acontecido, tentando descobrir se eu era uma pessoa horrível.

Por fim, cheguei à conclusão de que eu não era uma pessoa completamente horrível e me senti muito melhor.

Eu era definitivamente uma pessoa descuidada. Possivelmente uma pessoa preguiçosa, embora como todos nós sabemos, dá muito trabalho evitar a leitura. E talvez eu fosse uma pessoa um pouco conspiradora. Mas horrível? Vamos lá. Lembre-se, eu conhecia o horrível. Eu conhecia Teddy Spivero.

E sim, eu fiz algumas coisas estúpidas. Eu coloquei Jake Katz em uma posição ruim em que ele fez algo que não deveria fazer, e era possível que ele também ficasse encrencado, mas esse é um preço baixo a pagar por Hannah Spivero olhando nos seus olhos e dizendo: "Eu gosto muito de você".

E sim, Jake leu todos os livros por mim, mas eu decorei suas observações e escrevi toda a apresentação e tive a ideia para o grande final com todo o drama, os anúncios e tudo mais. Vamos lá, aquilo foi bem original, você tem que admitir.

Não me leve a mal, eu ainda me sentia péssimo, mas eu estava cansado de me culpar. Em que isso iria ajudar? E não é como se eu fosse a única pessoa em toda a história que já tentou se livrar de alguma coisa.

Na verdade, se eu não me engano, foi exatamente esse tipo de criatividade antiquada que fez dos Estados Unidos a grande nação que é hoje.

Rapidamente, eu queria meu celular de volta. E meu computador. E meus videogames.

Mas eu não veria nenhum deles de novo até voltar para a escola.

No próximo ano.

No domingo à noite, eu me sentia péssimo de uma forma diferente.

Eu tinha saído do péssimo eu-sou-uma-pessoa-horrível para o péssimo cara-este-verão-vai-ser-horrível.

63

Segunda-feira foi o dia de assinar os anuários para todos os alunos, menos um.

Adivinha quem foi o escolhido?

Eu acho que agora é o melhor momento para apresentá-lo à Sra. Sono, a diretora da nossa escola.

Bem, quem inventou essa expressão nunca conheceu a Sra. Sono.

Não é que ela seja uma pessoa ruim, horrível. É que ela é muito antiquada.

Ela é tão antiquada que até os *professores* a chamavam de Sra. Sono. Ela é tão antiquada que seu primeiro nome, que ninguém nunca usou, é Enid.

Ela era alta, tinha cheiro de coisa empoeirada e se parecia com a Eleanor Roosevelt* com um penteado horrível.

Mas o mais importante, ela tinha uma cadeira enorme e assustadora e se sentava atrás de uma mesa enorme e assustadora em uma sala enorme e assustadora, e bem naquele momento ela estava sentada naquela cadeira olhando para mim.

* Eleanor Roosevelt foi primeira dama dos Estados Unidos, grande defensora dos direitos humanos e ativista internacional (N.T.).

Eu estava o mais preparado possível. Eu sabia que Timmy e Katie tinham ido para a sala da diretora mais cedo naquele dia e imaginei que eles tivessem sido uma espécie de aperitivo.

Eu era o prato principal.

E o prato principal estava sentado na cadeira do outro lado da mesa da Sra. Sono, pronto para ser devorado.

Eu me senti como se estivesse espremido em uma das cadeiras da casa de boneca com a qual minha irmã costumava brincar, quando ainda gostava de bonecas.

A Sra. Ferrell também estava lá. Ela falou, enquanto a Sra. Sono apenas olhou para mim como uma coruja desaprovadora.

Eu sabia quão decepcionada comigo a Sra. Ferrell estava, então eu não conseguia olhar direito nos seus olhos.

Ela limpou a garganta nervosamente. Por que ela estava nervosa? Era o meu funeral, não o dela.

— Eu quero que você saiba que seus amigos são muito fiéis a você — a Sra. Ferrell começou —, e eles dividiram a seguinte informação com a Sra. Sono e comigo muito relutantemente.

Era bom saber disso. Eu tinha certeza que em algum momento num futuro muito, muito distante, eu ia aprender a gostar disso.

— De acordo com Timothy McGibney, você e ele tiveram um acordo por vários anos, no qual você comprava lanches para ele na cantina e ele lia seus livros para contar a você o que tinha neles.

Ela esperou por uma resposta. Eu não tinha nenhuma, então ela continuou.

— E de acordo com Katherine Friedman, você é famoso por ler o mínimo possível. Na verdade, você tem orgulho disso e leva isso como uma espécie de medalha.

Ai. Essa deixou uma marca.

Por uma fração de segundo, eu não podia acreditar que tinha sido traído por meus amigos.

Mas no segundo seguinte, eu percebi que não podia culpar Timmy ou Katie por me entregar.

Afinal, eles estiveram sentados na mesma cadeira que eu estava agora.

E como não li a coleção de obras de Mark Twain, eu não consigo pensar em uma situação mais assustadora.

Olhando para algum tipo de relatório, a Sra. Sono perguntou à Sra. Ferrell:

— E Jacob Katz? Ele confirmou o que disse no baile, que ele leu os livros do Sr. Jackson para o artigo opinativo em troca de um encontro com Hannah Spivero? — Aquilo tecnicamente não era verdade, ele não TEVE que ler os livros em troca de um encontro com Hannah, só parecia que tinha sido assim agora. Mas era tarde demais, o estrago já tinha sido feito.

A Sra. Sono estava olhando para mim como se eu fosse um assassino de gatinhos. Ou pior.

E então, a Sra. Ferrell fez uma coisa estranha. Primeiro, ela parou. Então ela disse:

— Na verdade, Jacob Katz voltou atrás no que disse e agora está negando que Charlie Joe Jackson lhe pediu para fazer uma coisa assim. Na verdade, Jacob disse que a coisa toda foi ideia dele.

Espere, O QUÊ?!

Naquele exato momento, eu decidi oficialmente que Jake Katz – leitor de livros, apanhador de bola de beisebol milagroso, usuário de lentes de contato, cabelo cheio de gel – era 100% digno do amor de Hannah.

***

A Sra. Sono olhou para mim por cima dos seus óculos de leitura.

— Então, Charles Joseph? O Sr. Katz está falando a verdade ou ele o está protegendo? Você se importaria em esclarecer isso?

Eu acho que nunca respirei tão fundo em toda a minha vida.

Então eu fiz algo que vai contra todos os ossos do meu corpo, todas as fibras do meu ser, todos os gramas da minha personalidade e contra tudo que me tornou a pessoa notável que eu sou hoje.

Eu falei a verdade.

Dica nº 23 de Charlie Joe

É POSSÍVEL NÃO GOSTAR DE LER E AINDA SER UM BOM ESCRITOR.

Só porque eu não gosto de ler não significa que eu não possa escrever.

Na verdade, eu sou um ótimo escritor. Por exemplo, eu sou muito bom em comparações, metáforas e paradoxos.

Aqui está um exemplo de uma comparação:

Descobrir que eu tinha que ler aquele livro foi tão decepcionante quanto um dia de verão chuvoso.

Aqui está um exemplo de uma metáfora:

Eu me arrastei por aquele livro por cerca de um ano.

E aqui está alguns exemplos úteis de paradoxos:

1. *bom livro*
2. *leitor feliz*
3. *autor importante*
4. *biblioteca agradável*
5. *livraria favorita*

64

Eu mencionei que meus pais também estavam na sala da diretora?

E eles não estavam de bom humor.

Meu pai tinha tirado o dia de folga do trabalho, o que eu achava que poderia fazê-lo feliz, mas por alguma razão não fez, e minha mãe perdeu a ioga, o que tirou o "centro do ser" dela do lugar e, portanto, a deixou mal-humorada.

De qualquer forma, eles estavam sentados nessas estranhas cadeiras dobráveis de alumínio que pareciam ter sido tiradas da época em que a Sra. Sono era uma aluna na escola.

Embora eu tivesse coisas mais importantes em mente, eu tirei um minuto para notar quão ridículos meus pais estavam naquelas cadeiras.

Depois de dizer para todo mundo que Jake estava apenas me cobrindo e que eu tinha, de fato, pedido para Jake Katz ler os livros para mim, e depois de insistir que era tudo culpa minha, e depois de implorar para Jake não ser punido, o que eles disseram que eles iam "analisar" – depois de tudo isso, eles me mandaram para a sala de fora enquanto discutiam o meu castigo.

Era como estar preso à cadeira elétrica e, de repente, ser mandado para esperar do lado de fora enquanto eles consertam um dos interruptores.

Eu esperei por dez minutos, enquanto várias pessoas entraram na sala para que a secretária da escola assinasse seus anuários. Quando elas me viam, elas agiam como se sentissem pena de mim, até rirem.

De repente, a Sra. Ferrell colocou a cabeça para fora da sala da Sra. Sono.

— Você pode voltar para cá, por favor, Sr. Jackson?

Sr. Jackson? Eu me levantei com um suspiro pesado e entrei atrás dela.

— Você vai amar isso, Charlie Joe — ela disse, rindo.

Eu tinha certeza absoluta de que ela estava sendo sarcástica.

***

Eu me sentei. Todo mundo estava em silêncio, esperando a Sra. Sono falar. Este era o momento dela. Era para isso que ela vivia.

— Charles Joseph Jackson, eu espero que você perceba a dor que você causou não apenas aos seus colegas estudantes, mas também aos professores que estão tentando guiá-lo e aos seus pais, que o amam tanto — ela começou.

Eu não cai na história de dor aos colegas – todo mundo parecia estar se divertindo bastante andando por aí se preparando para o verão e se sentindo aliviado por não ser eu –, mas eu me senti mal por decepcionar a Sra. Ferrell e muito mal por envergonhar meus pais. (Até agora, eles não tinham descoberto que Megan tinha lido um livro para mim também. Agradeço a Deus por pequenos favores.)

A Sra. Sono deu a volta e se sentou na frente da mesa dela. Ela fazia isso quando estava se preparando para mostrar suas armas.

— Existem vários caminhos que nós poderíamos tomar a partir daqui. Obviamente suspensão não é uma opção porque o ano letivo essencialmente já acabou.

Por alguma razão isso não fez com que eu me sentisse melhor.

— E seus pais me contaram de todas as muitas vezes que eles tentaram fazê-lo ler por conta própria, sem qualquer sucesso.

Nenhum argumento da minha parte.

Eu estava esperando que ela fosse me dizer para escrever "eu nunca mais vou deixar de ler os livros que eu devo novamente" *trocentas* vezes no quadro negro como Bart Simpson, mas eu tinha certeza de que não era isso que ela tinha em mente.

A diretora olhou para mim daquela forma típica de diretora.

— Além de encontrar um castigo adequado para a sua infração recente, está claro que você precisa aprender como a leitura é vital para o seu crescimento e desenvolvimento, tanto como estudante quanto como um jovem.

A Sra. Sono empurrou os óculos para a ponte do nariz, o que ampliou seus olhos, fazendo-os parecer enormes discos voadores.

— Então, depois de consultar tanto a Sra. Ferrell quanto seus pais, nós decidimos algo que achamos razoável e adequado.

Eu gostei de *razoável*, mas não gostei de *adequado*.

A Sra. Sono acenou para a Sra. Ferrell, que falou em seguida.

— Charlie Joe, eu tive você na minha classe por um ano e sei quão inteligente você é. Apesar de seus esforços para negar conhecimento a si mesmo, você aprendeu muito na escola e você é um pensador imaginativo e criativo. Talvez ainda mais criativo do que imaginávamos, de formas que nem sempre refletem o melhor julgamento das suas qualidades. E nós gostaríamos de ajudá-lo a canalizar essa criatividade de uma forma mais construtiva.

Por que isso parecia ser a calma antes da tempestade?

— Então nós vamos dar a você uma escolha.

Eu olhei para os meus pais, que estavam concordando com a Sra. Ferrell.

Eles tinham topado.

— A primeira opção — a Sra. Ferrell continuou — é ler dez livros ao longo do verão e escrever um relatório de cinco páginas sobre cada um.

Eu acho que vomitei um pouco na minha boca. De alguma forma eu consegui gaguejar "dez livros?" em descrença.

— Qual é a outra escolha?

Parecia que todos estavam morrendo de vontade de responder, mas a Sra. Sono chegou primeiro.

— A outra opção é *escrever* um livro. Um livro com não menos que 150 páginas, sobre qualquer tema que você escolher.

Parecia que o tempo tinha parado enquanto eles esperavam que eu reclamasse. O que eu fiz, embora àquela altura eu mal pudesse falar.

— Vocês estão brincando, não é? — eu falei, ofegante.

A Sra. Sono estava mais do que feliz em responder, seus olhos parecendo mais assustadores do que nunca por trás daqueles óculos de vovó.

— Eu posso garantir a você, Charles Joseph, que nós não estamos brincando. Na verdade, nunca falamos tão sério.

A Sra. Ferrell concordou.

— A escolha é sua, Charlie Joe. Ler dez livros ou escrever um. Qualquer que seja a tarefa que você escolher, ela terá que ser concluída antes do primeiro dia de aula do próximo ano letivo.

Foi bom eu estar sentado, porque senão eu teria caído de joelhos.

Ler dez livros ou escrever um.

Eu estava sendo obrigado a escolher entre o pelotão de fuzilamento e o carrasco.

Mas, imediatamente, eu sabia qual eu ia escolher.

Eu nasci um não leitor e ia morrer um não leitor.

— Eu acho que vou escrever o livro — eu consegui sussurrar tristemente.

Uma onda de dor, náuseas e incredulidade passou por cima de mim. Eu tenho certeza de que não é exagero dizer que a minha vida passou diante dos meus olhos.

Foi um prazer conhecê-lo, mundo.

Eu só tinha uma esperança restante. Eu me virei para as duas pessoas que tinham me criado, me alimentado, me protegido e me amado. Agora era hora de eles me salvarem.

— Olhando pelo lado bom, isso significa que você pode ter o seu computador de volta — meu pai disse.

Parte Sete

ESTA É A ÚLTIMA PARTE, EU PROMETO

65

Então agora você sabe porque eu passei o verão inteiro escrevendo um livro.

***

Eu sinto muito que o livro não tenha saído do jeito que eu planejei. Eu sinto como se tivesse decepcionado você.

Era para ser um guia sobre como ler menos, mas se você levar em consideração tudo o que aconteceu, eu sou provavelmente a última pessoa que deveria estar dando conselhos sobre o assunto.

O livro deveria estar cheio de capítulos realmente curtos. Mas por fim ele acabou tendo alguns capítulos não tão curtos.

Eu sinto como se, no começo, tudo estivesse indo muito bem. Eu tinha, tipo, um *zilhão* de dicas nos primeiros capítulos.

Mas então as páginas ficaram mais cheias. Os capítulos ficaram mais longos. As seções ficaram maiores. Agora que eu estou pensando sobre isso, ele acabou sendo exatamente o tipo de livro que eu passei a minha vida inteira evitando.

Imperdoável.

Dica nº 24 de Charlie Joe

NUNCA LEIA UM LIVRO COM UMA MORAL DA HISTÓRIA.

Já é ruim o suficiente ter que ler um livro. Mas livros com moral da história são piores, porque morais da história sempre envolvem se comportar de forma extremamente honrada, o que todos nós sabemos que é completamente irrealista.

Eu não preciso de um livro me lembrando que eu não sou perfeito.

Eu já sei muito bem disso.

66

Se este fosse um daqueles livros que os adultos querem que você leia, haveria algum tipo de moral da história agora.

Mas a única moral da história em que posso pensar é "nunca tente levar vantagem e fazer com que os outros façam as coisas que você deveria fazer". (Especialmente se você acabar sendo pego e receber um castigo horrível que vai arruinar seu verão inteiro.)

E se este fosse um daqueles livros que você tem que ler para a escola, ele teria um fim feliz, do tipo que o garoto diz que escrever este livro foi uma das coisas mais gratificantes que ele já fez porque isso o ajudou a ver seus erros e ele está muito feliz por ter descoberto não apenas as alegrias da leitura, mas também as da escrita.

Mas no fim das contas, este não é um desses livros.

E eu não sou um desses garotos.

***

Mas eu tenho que admitir algumas coisas.

Eu tenho que admitir que escrever este livro – mesmo tendo destruído completamente o meu verão e possivelmente a minha vida – não matou a minha alma ou entorpeceu a minha mente como eu achava que ia ser.

Na verdade, eu cheguei à conclusão que escrever um livro é muito menos irritante do que ler um.

Afinal de contas, eu pude escolher meu próprio tema, então escolhi o meu preferido: não ler.

E mesmo que o livro tenha ido muito além do tema não ler, pelo menos eu fui capaz de contar o meu lado da história, então talvez pessoas como meus pais e a Sra. Ferrell entendam o que aconteceu e não fiquem tão decepcionados comigo.

Como minha antiga-e-futura melhor amiga Katie Friedman diria, foi "terapêutico".

E mesmo que eu não tenha feito exatamente o que eu queria fazer com este livro – e você tem todo o direito de não acreditar no que eu digo –, posso fazer a você uma última promessa solene.

Quando o novo ano letivo começar, eu vou descobrir uma maneira de ler o mínimo possível.

Na verdade, eu já tenho algumas ideias.

Não conte a ninguém.

67

Então agora que eu terminei o livro, posso finalmente relaxar pelo resto do verão.

Pena que a escola começa amanhã.

***

Eu mencionei que Hannah me deu minha capa dos Beatles de volta (aquela dos "bebês mortos")?

Sim, isso foi muito legal da parte dela.

Ela me devolveu a capa durante o verão com um bilhete que dizia: "Obrigada por tudo. Amooo! Hannah."

A palavra "*amo*" não conta quando a palavra "*te*" não vem logo antes dela.

***

Eu não saí muito este verão; afinal de contas, eu tinha um livro para escrever. Então eu estou meio que ansioso para ver todo mundo.

Eu espero que eles estejam ansiosos para me ver.

Eu quero muito contar a Jake que ele é muito mais homem do que eu jamais vou ser, até quando ele está usando óculos, e quanto eu estou feliz por ele e Hannah. (Honestamente.)

E mal posso esperar para ver o novo visual de Eliza, já que ela faz algo surpreendente a cada ano.

Eu estou ansioso para aquele ritual de primeiro dia, onde todo mundo fala sobre o verão, e eu vou dizer: "Eu escrevi um livro", e provavelmente vou me sentir muito orgulhoso quando eu disser isso, mesmo que tenha sido a coisa mais difícil que já tive que fazer na minha vida.

E estou com vontade até mesmo de ver o próprio Sr. Antipático, Teddy Spivero, e contar para ele que este foi o verão em que eu finalmente me desapaixonei de sua irmã. Ele vai rir da minha cara e vou insistir que é verdade, e então eu vou ver Hannah e provavelmente vou me apaixonar por ela de novo.

Mas tudo bem. Eu estou ansioso por tudo isso.

***

Aqui vai uma coisa pela qual eu não estou ansioso: receber meu primeiro dever de casa e minha lista de livros para ler.

***

Mas hoje - só hoje - ainda é férias. E minha mãe e meu pai disseram que como eu terminei o livro, posso receber meu celular de volta e fazer o que eu quiser.

A primeira coisa que eu vou fazer é ir lá para fora e brincar com meus cachorros, Moose e Coco.

É o mínimo que eu posso fazer.

Porque durante os piores momentos desses últimos dois meses – quando eu estava de castigo para a vida toda e me senti como se o mundo inteiro estivesse se divertindo, menos eu –, a única coisa que me fez continuar foi ver aqueles dois cachorros olhando pacientemente para mim.

— Nós não temos ideia do que você está fazendo, você nunca fez nada assim antes, mas nós ainda amamos você e vamos esperar o tempo que for preciso — os olhos deles diziam, com pena de mim enquanto eu estava sentado em frente ao computador. — Nós sabemos que um dia você

vai perceber que é verão e que você não deveria estar fazendo absolutamente nada do que você está fazendo. Você deveria estar lá fora brincando com a gente.

Eles estão absolutamente certos.

***

Depois de brincar com os cachorros, eu vou para a praia com a minha irmã e vou ficar deitado lá por um tempo, talvez eu vá dar um mergulho e tomar um sorvete de casquinha.

E então eu vou mandar uma mensagem de texto para Katie e dizer para ela vir me encontrar. E ela vai me mandar uma mensagem de texto de volta dizendo que ela chega em quinze minutos. E eu vou mandar uma mensagem de texto respondendo, dizendo que eu sinto muito por não ter estado muito por perto durante o verão. E então ela vai me responder com uma mensagem de texto dizendo que sente muito por ter me entregado, mas que eu sei como é estar naquela cadeira pequena e louca, sentada em frente à grande e assustadora Sra. Sono. E então nós vamos mandar mensagens de texto um para o outro dizendo que nós não podemos acreditar que a escola começa amanhã.

E então amanhã vai chegar.

Dica nº 25 de Charlie Joe

QUANDO TERMINAR UM LIVRO, NUNCA MAIS OLHE PARA ELE NOVAMENTE.

Já foi ruim o suficiente você ter que ler esse livro inteiro. Você não quer ser lembrado da experiência.

Aqui estão algumas coisas que você pode fazer com um livro depois que você terminar de lê-lo:

1. *Vender em um bazar.*
2. *Se ninguém comprar, pague alguém para levá-lo.*
3. *Empreste para um amigo. Para sempre.*
4. *Doe para a biblioteca da escola.*
5. *Doe para a biblioteca pública.*
6. *Doe para a Biblioteca Nacional.*
7. *Derrube na banheira.*
8. *Perca. Se alguém encontrar, perca de novo.*
9. *Coloque na prateleira atrás dos jogos de tabuleiro que você nunca usa.*
10. *Enrole em bacon e dê para os cachorros.*

Só não coloque fogo nele intencionalmente. Isso está fora dos limites.
Mas se acontecer de ele escapar das suas mãos enquanto você está lendo perto do fogo? Bem, essas coisas acontecem.

AGRADECIMENTOS

Eu sei, eu sei, mais leitura. Mas não se preocupe, eu vou ser rápido.

As seguintes pessoas fizeram este livro acontecer e eu gostaria de agradecê-las:

Michele Rubin e Nancy Mercado, madrinhas de Charlie Joe, sem as quais ele simplesmente não existiria.

A equipe incrível da Roaring Brook Press/Macmillan, simpática, engraçada e fantástica.

JP, que acertou em cheio.

Lauren Tarshis, que já esteve lá e que me disse que era um bom lugar para se estar.

Nancy Conescu, Maja Thomas e Jeffrey Seller, que abriram algumas portas pelo caminho.

Meus colegas do Spotco, o melhor lugar do mundo inteiro para se trabalhar.

Barbara e Jonny, por razões óbvias.

Kenny, Ellen, Jessica e Jake, adaptadores precoces.

Ellen Kellerman, por ser surpreendente.

Claire e Chiara, cujos alunos foram tanto úteis quanto adoráveis.

Moose e Coco, por serem a inspiração para Moose e Coco.

Charlie, Joe e Jack, que não são grandes fãs de livros, mas são grandes fãs da vida.

Leitores relutantes de toda a parte, por me darem inspiração.

E Cathy Utz, que é o início e o fim de tudo.